# Active Bubble Senior
# ABS世代
## JJガールとPOPEYE少年のその後

鈴木 準

三恵社

はじめに
# ＪＪガールとPOPEYE少年が「シニア」と呼ばれちゃう？

この書籍の表紙にある「ＪＪガールとＰＯＰＥＹＥ少年」という言葉が気になり、手に取って頂いたあなた。若い頃にスキーやテニスをしたり、オシャレをしてディスコに行ったり、そんな遊びをしていましたよね。

私（鈴木）は昭和35（１９６０）年に岐阜市で生まれて79年に上京し、友人や雑誌の影響で若い頃の遊びはサーフィンとディスコでした。その理由は「シティボーイになって女の子にモテたい！」という、当時の男の子の多くが思い描いた欲求です。そして女の子も『ＪＪ』や『Ｃａｎ Ｃａｍ』などのファッション誌をお手本に、オシャレをして彼とデートに出かけていたと思います。

今、再びディスコが50代から60代の人、また若い人にも支持されて、東京のみならず各地でイベントが開催されていることをご存じでしたか。こうしたイベントに行くと、１９７０年代から80年代当時の曲がかかり、来店される方々は年齢を重ねただけで、あとは何も変わらない「ワクワクする時間と空間」がそこにはあります。

しかし、かつてＪＪガールとかＰＯＰＥＹＥ少年、シティボーイと言われた、今でもディスコで弾ける人たち、そして今年63歳になる私も、世の中からは年齢だけで一律に「シニア」あるいは「高齢者」と呼ばれてしまうんですね……。

年齢は「60歳、70歳、80歳……」と一口に言っても、戦前に生まれた私の親世代、戦後の昭和20年代、そして昭和30年代と、生まれ育った時代背景で価値観や消費行動は大きく異なります。また年齢には「実年齢」と「主観年齢（気持ち年齢）」があり、以前に実施した男女50～60代対象のアンケート調査（44ページ参照）でも、主観年齢は実年齢より「平均マイナス6歳」、また半数近い人が「マイナス10～20歳」と、実年齢と比べてかなり若いと感じています。

書籍のタイトル「ＡＢＳ世代」とは、私が名付けた「アクティブ・バブル・シニア」の略で、昭和30年から43年に生まれた、１９８０年代バブル期、そしてその時代に至るまでの社会の影響を色濃く受けた、２０２３年5月現在で54歳から68歳のシニア予備軍を指しています。本来は「シニア」という言葉を、生活者・消費者に向けたネーミング等に使いたくないのですが、私の仕事がシニアビジネスのプランニングやコンサルティングのため、あくまで世代論を語るビジネス用語として「ＡＢＳ世代」と命名しました。

ＡＢＳ世代は戦後の高度経済成長期に幼年期を過ごし、１９７０年代後半から広く浸透した若者カルチャーの影響を受け、そして社会人になるとバブル経済がやってくるという、戦後日本の一番元気な時代に生まれ育った世代です。

ＡＢＳ世代は従来のシニアにはない、アクティブなライフスタイルの術を知っているプラス面と同時に、終身雇用時代に社会人になったものの、その後に雇用環境が激変し、さらに人生１００年時代と突然言われ、今後の「仕事・お金・生き方」に関してさまざまな悩みを抱えている世代です。

私はこうした気づきから、産経新聞社の「夕刊フジ」で、２０１9年4月から21年8月まで、ＡＢＳ世代に関するコラムを寄稿しました。その最中で、新型コロナウイルスのパンデミックに襲われましたが、コロナ禍も人生１００年時代も「今まで経験がない」ことから、私たちは不安を感じるのだと思いました。

では、その不安を解消するにはどうすれば良いのか。ピンチをチャンスに変えるためには？などこうしたテーマに対して、私は、人生１００年時代をワクワク生きる術やビジネスを考えたり、またロールモデルになる人たちを取材してご紹介するなど、約2年半の間に「個人向け提案と法人向け提案」合わせて１２０本のコラム寄稿を行いました。

今回の書籍はその中から個人向けの52本を抽出し、私が考えるこれからのライフスタイルの提案を簡潔にまとめた内容です。もとはディスコで気が付いた「ＡＢＳ世代」ですが、そこからひろがり、あらゆる現場に出かけて自分の目で見て、あらゆる人から話を聞いた体験と、そこからの考察を記したこの一冊が、新しい時代に「自分らしく生きる大人の暮らし」のヒントとなることを願っております。

最後に本書籍を企画して頂いた株式会社三恵社の林良和様、ＡＢＳ世代コラム連載の機会を頂いた産経新聞社「夕刊フジ」の佐々木浩二様、そして「ＡＢＳ研究会」を開設してセミナー等の情報発信活動にご協力頂いた、一般社団法人日本元気シニア総研代表理事の中井潮様、特別顧問の富田眞司様、執行役の福永邦昭様、顧問の中谷比佐子様、表紙イラストと推薦文を頂いた、佐藤豊彦様（サトウリッチマン）、押阪雅彦様（ＤＪ　ＯＳＳＨＹ）、また取材に応じて頂いた多くの皆様に深く感謝申し上げます。
※本書籍は、２０１９年４月から２０２１年８月まで、産経新聞社の「夕刊フジ」に毎週水曜日連載された「ＡＢＳ世代がシニアを変える」「ＡＢＳ流、令和Ｎｅｗバブルのすすめ」をもとに加筆しております。内容にはコロナ禍中である表現や東京オリンピックの話題など、その当時の出来事や、取材した方の年齢はその時の年齢が記されておりますので、あらかじめご了承下さい。

２０２３年５月

ABS世代 Active Bubble Senior

JJガールとPOPEYE少年のその後

目次

## 第1章

### 戦後日本の一番元気な時代に生まれ育った「ABS世代」

## 第2章

## 「人生１００年時代」なんて気楽に考えてみようか

# 第3章

## いくつになっても好奇心旺盛で年齢を忘れている人たち

# 第4章

## ABS世代が「心豊かでカッコいい大人」の時代を創る

# 第1章

## 戦後日本の一番元気な時代に生まれ育った「ＡＢＳ世代」

## 新たな社会や市場開拓に苦戦する3つの理由

少子高齢化と言われて久しいですが、２０１８年総務省統計局データでは、日本の65歳以上人口は３５５８万人。総人口の28・１％を占めるため、企業は「シニア市場」開拓に注力しています。しかし、いずれも苦戦しています。（２０２２年10月の同じデータでは、人口は３６２３万人、総人口の29・０％）

私は２０１８年から本格的にシニアビジネスの企画に関わり始めましたが、このビジネスが「難しい・お金にならない」とされる理由は３つあると考えます。

１つ目は、これまでのシニア市場はニーズが薄かったことです。戦前・戦中生まれの世代は「倹約が美徳」という考えの人が多く、お金を積極的に使いません。続く団塊・ポスト団塊世代（昭和20年代生まれ）は、女性はアクティブですが競争意識の強い「企業戦士」だった男性はリタイア後の生きがいを見いだせない人も多く、消費に大きな影響を与えるに至っていません。「お金はあっても使わない」結果として、人口が多くても市場としての魅力度はそれほど大きくない傾向にあります。

２つ目は、売り手側の構造的な問題です。日本企業の多くは40代が部長やリーダーを務め、20代や30代の部下とチームを作ります。そのチームがシニア向けの新規事業や新商品を考えても、シニアの本質や実態は経験していないので分かりません。雇用延長した60代社員がいる会社でも「組織の壁」は厚く、現場とベテランの情報共有はできていません。

そして3つ目はこれが一番大きな理由で、シニアを「十把一絡げ」や「固定観念」で捉えていることです。シニアといえば、「健康、旅行、孫がかわいい、あとは介護・終活でしょ……」と一くくりにしてしまうのです。最近見たある大手企業のシニア調査も、「50歳から79歳を対象」としていました。こうした大くくりの市場調査では、各世代のニーズを喚起するビジネスはできません。

２０２０年の東京五輪に注目が集まっていますが、この年にはもう一つ大きな出来事が起こります。それは昭和30（１９５５）年生まれが「65歳＝前期高齢者」となり、翌年以降は高度経済成長期に生まれた世代が続々とシニア世代になるのです。

昭和35（１９６０）年に生まれた私は、マーケティングプランナー・コンサルタントとして、さまざまな企業のモノやサービスを売る企画に携わってきました。仕事の内容に加え、組織に属していないこともあり、自分が60代になり、還暦やシニアと呼ばれる実感が湧きません。同じ思いの人は多いと思います。

そもそも、「シニア・高齢者・老い」という言葉は生活者向けに使う言葉ではありません。特に、１９８０年代後半のバブルの影響を受けた「昭和30年生まれ」以降の世代は、現在のアクティブシニアよりもさらに若く、特有の価値観を持っています。この世代が新たなシニア市場を形成し世の中を変えるのです。私はこの世代を「ABS（アクティブ・バブル・シニア）世代」と名付けました。

## これからの社会に新風を起こす「ABS世代」とは

私が提唱したABS世代は「アクティブ・バブル・シニア」世代の略称です。その名のとおり1980年代後半のバブル期、そしてバブルに向かうまでの時代から色濃い影響を受けている世代を指します。

ABS世代の先頭を走る昭和30（1955）年生まれの人は2020年、65歳を迎えて「前期高齢者」となります。最後尾は昭和43（1968）年生まれで、この年齢の人たちまでが大学生の新卒バブル期入社組となります。2019年現在50歳から64歳までの14年間の世代には共通要因があるのです。

ABS世代は、1960年代の高度経済成長期に幼年期を過ごし、戦争体験がある親から多大な家族愛を注がれて育ちました。思春期、そして大学生の頃には、音楽やファッション、スポーツ、その他さまざまな娯楽から大きな刺激を得ます。

中でも１９７５年創刊の雑誌『ＪＪ』、１９７６年創刊の雑誌『ＰＯＰＥＹＥ』、１９７８年に日本公開されてディスコ・ブームに火をつけた映画『サタデー・ナイト・フィーバー』は、ＡＢＳ世代に対する〝３大インパクト〟です。

こうした時代を背景に若者たちが遊び、楽しむことで、新たなカルチャーやライフスタイルが形成されました。そして彼らは80年代に社会人となり、やがて空前のバブル景気を体験します。一方、男女雇用機会均等法が制定されたのは85年で、女性の本格的社会進出の第１期生もＡＢＳ世代の女性です。

こうして振り返ってみると、ＡＢＳ世代は生まれてから社会人になり、結婚生活をスタートする時期すべてで、「戦後日本のいいとこ取り、おいしいところ取り」をした世代とも言えます。成長過程で愛され、若い時にはバブルの体験まであるＡＢＳ世代には、特有の価値観や指向性があるのです。

そんなＡＢＳ世代も、今や50代から60代前半のシニア予備軍です。終身雇用時代に社会人になったものの、その後に雇用環境が激変し、今では「人生１００年時代」と言われ、今後の「仕事・お金・生き方」に関してさまざまな悩みを抱えている世代でもあります。

つまりＡＢＳ世代は、それまでのシニアにはない価値観をもとにアクティブなライフスタイルの術を知っているプラス面と同時に、今後の人生設計が描きにくいマイナス面も抱え持った世代なのです。

だからこそ、ABS世代は従来のシニア市場になかった「ドキドキ・ワクワク・ハッピー」なライフスタイルを実践し、「人生100年時代のQOL（クオリティ・オブ・ライフ）」を実現して、これからの世代に引き継いでいく責任があると私は考えます。

ABS世代のライフスタイルに大きな影響を与えた雑誌。『JJ』と『POPEYE』。（雑誌は筆者所有）

## 「ABS世代」の気づきは復活したディスコにあった

学生の頃にディスコに通い音楽が大好きだった私は、39歳（1999年）から遊びを再開しました。ちょうどその頃は世の中でディスコカルチャーが復活し始めた時期です。

それ以降20年通い、最近になりお客さんのすそ野がひろがってきていることに気が付きました。私はマーケッターとして「なぜディスコに再び人が集まっているのか？」と興味を持ち、人間観察を始めました。その結果分かったことは、私のようにダンスや音楽が本当に好きなマニアは少数派。多くのお客さんはディスコに来ることで「気持ちが若くなる・ドキドキ、ワクワクする」。そんなニーズを満たすために来ているのです。

ニーズとは「欲求」です。ビジネスセミナーで、「炎天下の砂漠をさまよう汗だくの男性がいます。さて、彼のニーズは？」と質問すると、ほとんどの人は「水」と答えます。しかし、この場合の答えは「一刻も早く喉の渇きを潤したい」が「ニーズ＝目的」であり、水は「ウォンツ＝手段」なのです。

ニーズを満たすことの原点を間違えてはいけません。手段である商品特性を先に説明したり、ディスコの場合であればお店の特徴などを広告で訴求しても、顧客は「買いたい・行きたい」とは思いません。「どんなニーズを持つ顧客に、どんな価値を伝えて、ハッピーにするか？」

を見極め、魅力的に分かりやすく顧客に伝えることこそがマーケティングの真髄なのです。

ディスコに再び舞い戻ってくるお客さんは女性が多いようです。子育ても終わり、お孫さんがかわいいという方もいらっしゃいます。彼女たちは「母親としての役割をいったん終えた、一人の人間・一人の女性」として自分はまだ心身ともに若く、これからも人生の楽しみや生きがいがあることをディスコで認識するのです。お孫さんの前では「おばあちゃん」でも、彼女たちは一人の自立した「女性」なのです。

ディスコでは、若い頃に聞いた音楽で最初は懐かしさを覚えますが、決してノスタルジーに浸っているのではありません。ディスコという空間に入ることでオキシトシンやドーパミンなど、通称「ハッピーホルモン」が分泌され、心身ともに高揚するのです。

ABS世代の女性は若い頃オシャレして遊びに出かけ、ユーミンの曲を聴きながら彼氏のクルマで海やスキーに繰り出したという人が少なくありません。男性はこうした女の子にモテようと、雑誌をマニュアルにしてお金を使ったのです。そしてバブルの頃のディスコには「お立ち台」がありました。これこそが、「承認欲求」が他の世代よりも高いABS世代の価値観の象徴です。

このように考えると、「ドキドキ・ワクワク・ハッピー」の本質的なニーズを満たす価値の提供、市場の創造に「新たな大人社会到来のカギ」が必ずあります。

私が「ＡＢＳ世代」に気づいたのは
復活したディスコでした。

## チャンスを逃す「60歳以上を十把一絡げ」

私は連載1回目で、シニアビジネス苦戦の大きな要因は、シニアを「十把一絡げ」や「固定観念」で捉えていることだとお伝えしました。これは売り手側の現場が、50歳以下の若い世代であり、シニアをひとまとめに捉えているからです。

実は30代当時の私も同じ考えでしたが、現在は平均寿命が大幅に伸びて超高齢化社会（健康長寿社会）を迎えています。各世代のニーズに応えるには、生まれ育った時代背景を理解し、若者世代と同様に細分化して捉えることが重要です。

まずは①戦前・戦中世代。２０１９年現在75歳以上の後期高齢者世代です。戦争体験を経て社会人になり、１９６０年代の高度経済成長に尽力した私の親世代です。戦後の物（モノ）がない時代を体験していることから、消費に慎重で「必要なモノを買い、大切にする」世代。娯楽も少なかったため、「遊ぶ術を知らない」世代でもあります。

次に②団塊・ポスト団塊世代。２０１９年現在65歳から74歳の前期高齢者世代です。この世代が社会人になった１９７０年代は日本市場も成熟期。モノが普及して、彼らの家族は「ニューファミリー」と言われました。そして、「もっと良いモノが欲しい」という欲求から、マーケティングは差別化が始まります。戦後生まれの若者世代は、ジーンズやミニスカートを履いたり、ビートルズやローリング・ストーンズを聴いたり、海外の文化を積極的に取り入れて、流行を形成していました。ただ、この時代は学生運動が盛んで、男性は就職後に企業戦士となりその後の遊ぶ術をあまり知りません。一方、女性は雑誌『ａｎ・ａｎ』『ｎｏｎ・ｎｏ』の影響を受けた「アンノン族」に代表される、新たな遊び方とライフスタイルを男性より先駆けて実践します。現在のシニア市場はこの世代の影響力が強いため、「女性の方がアクティブ」と見られています。

それに続く③ABS世代は、昭和30（1955）年から43（1968）年生まれ。2019年現在、50歳から64歳のプレシニアです。物心ついた頃からテレビやクルマがあり、大学進学率も向上し、雑誌『JJ』や『POPEYE』、映画『サタデー・ナイト・フィーバー』の3大インパクトで多くの若者が遊び、やがてバブルを体験した世代です。ABS世代は「モノを買ってコト（事＝体験）をどう消費するか？」という〝価値体験〟に対価を払う消費傾向があります。

これまでシニアビジネスは「健康・旅行・孫消費……」といったキーワードで市場形成されてきました。しかし今後は人や社会と関わり、自分の価値を人に提供することで承認欲求を満たす「生きがいのある社会、新しい大人市場の需要創造」が大きなテーマだと考えます。

2017年に、博報堂生活総合研究所が「トキ（時）消費」という言葉を提唱しました。これは若い世代だけのものではありません。ABS世代のバブル期の「コト（事）消費」傾向をさらに進化させ、「今この瞬間に価値がある！　人と価値を共有して、さらには人に影響を与えたい！」というニーズを満たすモノやサービスの提供が、人生100年時代のシニアビジネス、そして新しい大人の社会活性化のカギを握るでしょう。

## サザエさんの磯野波平さんは何と54歳だった

現在のシニア調査には問題点が2つあります。それは前回提言した「60歳以上」をシニアとして「十把一絡げ」で捉えていること、そして「人間の固定観念」です。

私が所属している（一社）日本元気シニア総研の創設者・富田眞司特別顧問は常々、「シニアの有益な調査リポートが少ない」と発言しています。それは固定観念で考えた仮説をもとにしたアンケートだからです。

私は39歳で再開したディスコ通いを現在まで20年間続ける中で交友関係から対話を繰り返し、結果的にマーケティングでいう「定点観測とＶＯＣ（Voice of Customer＝顧客の声）収集」を継続的に行ってきました。

「現場に出かけ、人との対話を通じて世の中を知る」、そして「仮説力を磨く、ニーズを洞察する」ことの重要性を再認識したのです。現場や顧客の本音を知ると、いかに固定観念にとらわれた机上のビジネスやマーケティングが行われているのかがよく分かります。

人間は基本的に若い頃には、「高齢になると夢はなくなる、体が悪くなる、先細っていく……」という固定観念があります。実際、自分が年齢を重ねるとそんな気がしてくるのです。

しかも、本人の意識以上に周囲や社会そのものが「お年寄り扱い」することから暗示をかけられ、自分は「老けた……」とさらに思い込むのです。

最近、ある調査で「シニアの興味関心はやはり旅行だった！」という結果を見かけました。まず違和感を覚えたのは調査対象者「50～79歳の男女」という前提。親子ほど年齢が離れている世代なのに、いきなりシニア十把一絡げです。

「旅行」という結果も、「興味関心が高い事柄にチェックをつけてほしい」という問いで複数回答であれば、誰でも「旅行」にチェックをします。また、興味関心の中には「健康づくり」もありました。たしかに、後期高齢者は体の衰えから健康が目的化します。しかし50代60代は、何かを楽しみたいから健康でありたいわけで、健康は目的ではなく楽しく生きるための手段（必要条件）と言えます。

「シニアは旅行や健康づくりが楽しみだろう」という考えは、調査を企画した人の固定観念と思えます。シニアを「十把一絡げでくくり、固定観念で考える」ことは需要創造の芽を摘み、ビジネスの可能性を狭めます。

固定観念で思い出すのはテレビアニメの『サザエさん』。昭和44（１９６９）年の放送開始時にお父さんの磯野波平さんは54歳、お母さんのフネさんは52歳です。ちなみに当時の男性平均寿命は69歳でした。波平さんと同世代は今だと俳優の唐沢寿明さん（55）、山口智子さん（54）夫婦です。昭和44年と令和元年でこんなに異なるのに、実際のシニアビジネスはいつまでも磯野波平さん＝シニアのイメージで捉えている気がしてなりません。

やはり、同じシニアといっても「生まれ育った世代別で捉える」ことが大切です。次回からはＡＢＳ世代が生まれてから今日までの背景を、その社会背景とともに振り返ってみましょう。

## 高度経済成長期に生まれた申し子たち

昭和30（１９５５）年から43（１９６８）年生まれで、２０１９年現在50歳から64歳までの「ＡＢＳ世代」の幼年期は、戦争体験のある両親から家族愛を一身に受け、高度経済成長期に生まれた申し子として「モノ」にも恵まれました。思春期には、音楽・スポーツ・ファッションからさまざまな「コト」の影響も受けた世代です。

私は昭和35（１９６０）年生まれ。戦後15年が経過し高度経済成長期に入った頃です。当時の池田勇人内閣は所得倍増計画を宣言し、モノづくり技術を伸長させました。「三種の神器（冷蔵庫・洗濯機・テレビ）」から「３Ｃ（カラーテレビ・クーラー・カー＝自家用車）」を買うため、戦前世代である昭和９年生まれの私の父親は頑張って働きました。昭和11年生まれの母親は、幼少期に満州から引き揚げた悲惨な戦争体験を反動にして、温かい家庭を作りたいと願ったそうです。

私の両親が若い頃は映画くらいしか娯楽はなく、明治生まれの父親（私の祖父）からは、遊ぶことは不良だと言われたそうです。一方、ＡＢＳ世代の幼少期にはマンガやテレビが普及し始め、「王・長嶋」の影響でほとんどの男の子は野球ファンでした。復興の象徴である東京五輪が開催されたのは１９６４年のことです。60年代は市場の成長期で、皆が同じ消費や娯楽を楽しんでいました。「大衆」という概念が確立し、テレビＣＭでモノが売れる大量生産・大量販売のマスマーケティング全盛時代でした。

昭和45（１９７０）年には大阪万博が開催されました。アポロ計画の宇宙船で月から持ち帰った「アメリカ館の月の石」を見ようと私も連れて行ってもらい、未来の宇宙旅行を子供ながらに期待しました。

音楽では「新御三家（郷ひろみ、西城秀樹さん、野口五郎）」や「花の中三トリオ（森昌子、桜田淳子、山口百恵）」、キャンディーズ、ピンク・レディーなどが出演していた歌番組を見ることが定番。そして荒井由実の登場で、フォークシンガーとはまったく異なる「ニューミュージック」や「シティポップ」というオシャレなカテゴリーも誕生。ユーミンの歌は流行・文化を創り出しました。

ファッションやライフスタイルでは雑誌『ＪＪ』や『ＰＯＰＥＹＥ』など若者向けのマニュ

アル雑誌が創刊。私がファッションに興味を持ち始めたのは中学生の頃で、最後の「VAN」世代として、雑誌『MEN'S CLUB（メンズクラブ）』を見てボタンダウンシャツやスニーカー、冬の通学で着るステンカラーコートを買い、VANの紙袋を大切に持ち歩いて、女の子を意識しながら背伸びして大人のオシャレを覚えました。

ファッションで思い出すのは、JUN&ROPEが提供していたダンス番組『ソウル・トレイン』。東京生まれの友人に聞くと、ディスコに出かけて、兄姉に教えられステップダンスを覚えたそうです。そして1978年には映画『サタデー・ナイト・フィーバー』が公開されます。

モノの普及率が高まり市場成熟期となった70年代は、市場の細分化や製品の差別化で付加価値のあるモノが市場に出回りました。娯楽も多様化を始め、それまでにない若者カルチャーが形成されました。

こうして振り返ると、ABS世代は遊びの文化が躍進した時代に多感な時期を過ごし、中高生から大学生、社会人になったのです。この体験がベースとなり、その後の社会に大きな影響を与えることとなります。

## 若者世代が遊ぶ術を覚えた理由とは

学生中心の若者カルチャーが広く普及したのは1970年代後半から80年代初頭です。ABS世代より前の世代は一部の人しか知らなかった「遊びと遊ぶ術」を万人が覚え、いわゆる「モノからコト（体験）」の消費を楽しいと感じる時代が確立されたのです。

映画『サタデー・ナイト・フィーバー』が日本のみならず世界中で大ヒット。東京でもそれまで一部のマニアしか行かなかったディスコが大衆化しました。私は79年4月に岐阜から上京し、最初に行ったディスコは新宿歌舞伎町の東亜会館にあった「カンタベリーハウス」、そして翌年には六本木の「キサナドゥ」に行きました。当時「新宿東亜会館と六本木スクエアビル」には多くのディスコが入店しており、連日若者たちで大賑わいでした。

ファッションでは『JJ』などの雑誌の影響で、女子大生はトラッドを基本に「エルメス」「グッチ」「セリーヌ」など海外高級ブランドを身につける「ニュートラファッション」を覚え、『POPEYE』は西海岸カルチャーを発信し「サーフィンブーム」が起こります。「シティボーイ」と言われだしたのもこの頃。夏はサーフィン、冬はスキー、街中はテニス、そして夜はコンパにディスコと、頻度の多い少ないはあれ、当時東京など大都市の大学生を中心とした若者はよく遊んでいました。

六本木はキサナドゥはじめ「サーファーディスコ」という業態のお店が多く、サーファーだけでなくファッションだけの「陸《おか》サーファー」も交じり、男の子は爽やかに日焼けし、女の子はニュートラやサーファーファッションでカッコいい大人のオンナを演出したり、「FUKUZO」「ミハマ」「キタムラ」という横浜元町のトラッドブランドを着こなす「ハマトラ」でテニスラケットを持つ女の子も、「渋谷の公園通り」などを散策していました。

またカッコいいデートスタイルは彼のクルマで遊びのスポットに出かけるコト。カーステレオからは彼女が喜ぶ音楽を、「オリジナルカセットテープ」で彼氏が聴かせることがイケていました。当時は免許を取得したら男の子はクルマが欲しいと誰もが思い、手頃な価格の若者向け車種を各メーカー発売。中でも空前のヒットはマツダの「赤いファミリア」でした。

こうして振り返ると、ABS世代は高度経済成長期に幼少期から成長したためマスコミの影響が大きく、学生の頃は「雑誌をマニュアル」にしました。こうした情報が若者たちのコミュニティから口コミでひろがり、流行のモノを買いカッコいいコトを体験します。それを追い求めたニーズとは、男女とも「皆で同じ時間と楽しみを共有」し、男性は女性から「モテたい！」、女性は「ヒロインである自分に酔い、人から称賛されたい！」という「承認欲求」です。そんなマインドを持つ大衆の若者が80年代に社会進出するのです。

昭和56年、湘南辻堂東海岸での21歳の筆者。
背伸びをして流行を追っかけていました。

伝説のサーファーディスコ「Xanadu（キサナドゥ）」の
DJだったATOMさん。今もDJとして活躍されています。
左がATOMさん、右が筆者。

## バブルの原動力は「頑張れば夢がかなう」こと

1980年代、多くのABS世代は社会人となり、80年代後半に起きたバブルの社会現象による影響を色濃く受けます。

当時、若者カルチャーを生み出す音楽といえば山下達郎と松任谷由実。「夏だ！　海だ！　達郎だ！」で、山下達郎の曲は夏のドライブの定番。ユーミンも毎年アルバムをリリースし、苗場プリンスホテルでのクリスマスライブはプラチナチケットと呼ばれました。クリスマスといえば赤坂プリンスホテルに代表されるシティホテルの予約が大変。1年前から満室で、彼女がいなくても念のため部屋をキープしておく男性がたくさんいました。

この頃、一気に普及したファッションが「コム・デ・ギャルソン」「ビギ」「メルローズ」などのDCブランド（デザイナーズ&キャラクターズブランド）であり、「丸井の赤いカード」で背伸びして高い服を分割払いで購入したものです。

テレビではトレンディドラマが大流行。浅野ゆう子と浅野温子の「W浅野」や石田純一らのオシャレなファッションを真似して、インターネットもない時代にドラマのロケ地を探し出してデートに出かけました。

クルマは引き続き男性の必須アイテム。輸入車が飛ぶように売れ、コンパクトなメルセデス・ベンツ190Eは「小ベンツ」、BMW3シリーズは「六本木のカローラ」と揶揄されました。国産では「デートカー」と称したトヨタソアラ、ホンダプレリュード、日産シルビアといった2ドアクーペスタイルのクルマが大人気。「アッシー」「メッシー」「貢ぐ君」という言葉も生まれ、女性は男性に送り迎えしてもらったり、おごってもらったり、プレゼントしてもらったり、とにかく女性のために尽くす男性が多かった時代でした。

その頃の私は広告代理店の営業マンでしたが、当時のCMは日産セフィーロの「くう・ねる・あそぶ」や三共リゲインの「24時間戦えますか?」、そして西武百貨店の「おいしい生活」など、バブル期の世相を見事に表現していました。また、イベントや地方博覧会ブームでコンパニオンの女性がもてはやされ、女子大生がブランド化したのもこの時代です。

こうした広告業界の裏話を4コマ漫画にした、ホイチョイ・プロダクションズによる『気まぐれコンセプト』が流行ったのも不思議な現象でした。

ディスコは80年代後半に「マハラジャ」が全国で71店舗を展開。ドレスコードがあり、男性はダブルのソフトスーツ、女性はボディコンスタイルでワンレングスの髪をかきあげ、VIPルームにてシャンパンで乾杯するのがイケていました。東京のウォーターフロント・芝浦には「ジュリアナ東京」がオープン。お立ち台で踊る女性が「ジュリ扇」片手に弾けていました。

一方、86年には男女雇用機会均等法が施行。女性の本格的社会進出第1期生もABS世代です。バブル期の就職活動は超売り手市場で、内定者の確保のためにハワイ旅行に連れ出したり、クルマをプレゼントする中小企業までありました。

こうした時代にABS世代は残業もいとわず仕事に励み、稼いだお金でモノを買い、さまざまなコト（体験）で遊びを楽しんでいました。これがまさにバブルの原動力ですが、その根底には強い「承認欲求」がありました。ABS世代は「頑張れば夢がかなう」という戦後日本経済の絶頂期を体験したのです。しかし、バブルはまさに泡のように、その後消えたのです。

筆者の友人である「タカさん、あやのさん、さちこさん」は、
当時も今もイケイケです。

## バブル崩壊後も今に続く新生活様式を生み出した

バブル経済は長くは続かず、結果的には1991年2月に終焉《しゅうえん》を迎えていました。グローバル化や経済の低成長、地価の下落は社会環境に大きな影響を与え、平成の約30年間で日本は大きく様変わりしました。

26歳で結婚した私は、実はバブル期の超インフレの東京生活に悲鳴を上げ、91年30歳の時に、実家に近い名古屋にUターン転職しました。幸い名古屋は東京ほど景気の落ち込みはありませんでした。やがて娘が生まれ、軸足は完全に家庭生活におくこととなりました。仕事も忙しく、プライベートな時間や遊びは封印されます。

多くのＡＢＳ世代は結婚後、こうしたライフスタイルにシフトしました。クルマはホンダステップワゴンなど家族で楽しむミニバンがヒットし、休日は子供をキャンプやバーベキュー、テーマパークに連れて行きます。これら今では当たり前の消費行動も、ＡＢＳ世代ファミリーがつくった新たな遊び方、楽しみ方と言えるでしょう。こうしてＡＢＳ世代は仕事と家庭中心の時代を過ごしていきます。

一方で男女雇用機会均等法の先駆けであるＡＢＳ世代の女性は仕事を頑張り、実績を残します。当時はセクハラ・パワハラもあまり問題にならない時代。ＡＢＳ世代の女性は男社会と戦いつつ、自分磨きのモノやコトに投資をしていました。バブル崩壊の影響で、結婚しても共働きを余儀なくされた女性も多く、女性が働くことが一般化していきました。

日本経済の混迷は長期化し、90年代後半には山一証券や日本長期信用銀行など大手金融機関の経営破綻という未曽有の出来事が頻発しました。また、年功序列や終身雇用といったシステムも崩れ始め、将来に戸惑いを感じ始める人も増えてきました。

そんな時代の暮らしの中で大きな革新は、携帯電話やインターネットという個人が情報を受発信する「コミュニケーションツール」が普及したことです。それまでのマーケティングは、大量生産・大量販売をテレビ・ラジオCMや新聞・雑誌広告などのマスメディアで情報発信するものでしたが、この頃からパーソナルに双方向でコミュニケーションを取り、モノやサービスを売る通信販売やEC（電子商取引）、インターネット通販が普及してきました。

マスメディアで育ったABS世代ですが、携帯電話とインターネットという「プライベートなツールとメディア」を持つこととなり、これが後にさまざまな影響を与えるようになります。

こうして振り返ると、90年代のABS世代は家族にシフトした楽しみ方を見つける一方で、女性は仕事を続けながら自己研鑽《けんさん》するなど、バブル崩壊の中でも新たなライフスタイルを追求していたのです。

そしてデジタル時代の夜明け、ミレニアムイヤーを迎えます。若い頃、「モノを買ってコトを消費する」楽しみを覚えたＡＢＳ世代は、21世紀になって再び「ドキドキ・ワクワク」するライフスタイルを追求し始めることとなるのです。

## 再び雑誌に触発されてインターネットで体験を共有する

１９９９年5月、私のライフスタイルを変える雑誌が創刊されました。その名は『ＢＲＩＯ（ブリオ）』。光文社発行の女性誌『ＶＥＲＹ』の姉妹誌です。ＶＥＲＹは女子大生やＯＬ時代の『ＪＪ』読者だったＡＢＳ世代向けで、モデルの黒田知永子さんが表紙を飾っていました。つまり、ＢＲＩＯターゲットは昔のＪＪガールの夫たちであり、40代の都会的ライフスタイルの提案をコンセプトとした雑誌でした。

若い頃、雑誌に影響を受けた私は、再び雑誌に触発されました。ＢＲＩＯ創刊号で私の目に留まった記事は「甦るキサナドゥ伝説、六本木・あれから20年」。内容はまさに１９８０年前後のディスコを振り返る内容。その中に「今でも当時の曲が聴ける店」としてＳｏｕｌ Ｂａｒが紹介されており、私も何軒か訪問しました。

今でも覚えているのは、最初に行った六本木「ワッツアップ」で聴いた80年のディスコで流れたヒット曲「レイパーカーJr.&レイディオ」の『パーティー・ナウ』。若かりし頃の思い出が走馬灯のように甦り、職場と家の往復で忘れていた「ドキドキ・ワクワク」を思い出したのです。

当時の私は38歳で、会社員を辞めフリーランスのマーケティングプランナーとして「自走人生」の一歩を踏み出した時でした。新たなスタートを切った時期で、タイミングも良かったのだと思います。

私は早速、周囲の友人に声をかけ、学生時代から約20年の時を経て気の合う仲間たちと夜の六本木に繰り出しました。当時、飯倉片町に「シュガー・ヒル」という踊れるＳｏｕｌ Ｂａｒがあり、私の40代の遊び場はここが本拠地。頻繁に出かけて学生時代のサークルみたいに童心に帰ってドキドキ・ワクワクした「トキ（時間）」を楽しみました。

その後、六本木伝説のサーファーディスコ「キサナドゥ」が青山に復活オープンしたり、さまざまなディスコイベントが開催されました。そして２００４年にサービスが始まったＳＮＳの先駆け「ミクシィ」は、共通の仲間のコミュニティをさらに広げ、写真をアップしたり体験を共有する「コト」が始まったのです。

当時のメンバーは皆忙しい毎日でしたが、そこはＡＢＳ世代。昔取った杵柄で「よく働き、よく遊ぶ！」がモットーなので、時間をやりくりして、水を得た魚のように夜の街で遊んでいました。それが仕事の活力にもなったのです。

こうした遊び場の主役は若い頃からずっと遊んでいる人、特に男女雇用機会均等法第1世代のキャリア女性たちでした。私の場合は、学生時代に地方から出てきてお金もなく若い頃は十分に遊べなかった、その後は仕事と家庭で自分の時間がまったくなかった……そのツケを取り戻すかのように40代から青春を謳歌していったのです。

40代男性は仕事が一番忙しく、女性もまだ子育て中でお金もかかる。そういう時期でしたが、ABS世代の一部は積極的、あるいは密かに「心のトキメキがある」コミュニティを形成し始めていました。その後、この流れは少しずつ「うねり」になり始めるのです。

『BRIO』に影響を受けて再びディスコに。
写真をミクシィにアップしていました。（雑誌は筆者所有）

## 「心トキメク」今の60歳へのNGワードと新たな呼び方

２０２０年、東京オリンピックが開催されますが、もう一つのトピックとして私が注目しているのは、昭和30（１９５５）年生まれが65歳となりＡＢＳ世代がいよいよ前期高齢者になることです。２０２０年以降は何と、昭和30年代生まれがシニアになるのです。

私は60歳になり、ディスコ復活からは20年が経過し、これは私のライフスタイルの一部となっています。40代の頃は一部のＡＢＳ世代が密かに楽しんでいるという印象でしたが、この５年くらいでディスコに来る層は確実に拡大しています。

理由は極めて単純明快。時間に余裕ができ、お小遣い程度のお金はあることから、再び「自分自身が楽しむ」コトができるようになったからです。特に女性は、子育てが終わって、お孫さんがいる人もいます。子育てで、長い間夜遊びを封印されていた女性たちはディスコがまだあることに驚き、試しに訪れてみると30年以上前と何も変わっていない空間に２度驚き、心ときめく「トキ（時間）」を楽しむようになったのです。

そのブームを後押ししているのが、フリーアナウンサーの先駆けである押阪忍さんの息子さんであるＤＪ ＯＳＳＨＹ（ＤＪオッシー：押阪雅彦さん）。彼は１９７８年に映画『サタデー・ナイト・フィーバー』が日本公開された７月22日を「ディスコの日」として、ますます盛り上げています。

「昭和歌謡」も盛り上がっています。かつての「歌声喫茶」のように、昭和の歌謡曲を店でかけて皆で盛り上がります。特にピンク・レディーの曲がかかると、女性陣は体が覚えている振り付けを披露し、童心に帰ります。

私は以前に、ユーミン（松任谷由実）が主に1970年代から80年代の曲を熱唱する「タイムマシンツアー」に出かけました。会場の日本武道館は、まさにABS世代で満席。65歳になるユーミンが「私はまだまだこれから！」と最後にメッセージを送ると会場は拍手喝采。泣いている女性も大勢いました。みんな、若い頃の思い出と、これからの自分自身の人生に大きな「トキメキ」を抱いているようでした。

会場にいた人たちは「若々しい」ではなく、「若い」としか言えませんでした。バブル時代に育った「強い承認欲求」のDNAは脈々と生きていると感じます。実際、ABS世代の主な芸能人は竹内まりや（64）、浅田美代子（63）、桑田佳祐（62）、渡辺謙（59）、黒木瞳（58）、佐藤浩市（58）らで、皆さん若いですよね。※2019年当時

シニアマーケットは今後、「戦前・戦中世代」「団塊・ポスト団塊世代」「ABS世代」の3世代になり、各世代が育った背景や価値観、消費意欲を踏まえた社会やビジネスが求められます。また、それらの世代が生きるのは「超高齢化社会」ではなく、元気で楽しく生きがいを持

って、ドキドキ・ワクワク・ハッピーがある「健康長寿社会」であるべきです。
同様に、この世代に対する呼び名も変えた方が良さそうです。私は60歳を「還暦」とは呼ばず、酸いも甘いも嚙み分けた真実の大人、「真成人（しんせいじん）」と名付けたいと思います。トキメキを持ち続けている真成人に対してはもう、「シニア・高齢者」という言葉はNGワードです。

昔も今も何も変わらないアラ還男子と女子は、
心トキメク「真成人」です。

## 調査の数字で見たＡＢＳ世代のリアル

２０２０年1月上旬、私がセミナーを実施している「(一社) 日本元気シニア総研（ＡＢＳ研究会)」と、広告会社「㈱インターコネクト（現・㈱ビー・アンド・ディー)」は共同で、首都圏に在住する男女５００人のＡＢＳ世代に「ライフシフト人生１００年時代のシニア予備軍の実態」と題するアンケート調査を行いました。

さまざまな切り口から24の質問をしましたが、その結果分かったことは、ＡＢＳ世代はこれまでのシニアと大きく異なる心理や価値観を持ち、今後の仕掛け次第で新たな「大人の社会・大人のマーケット」が生まれるということです。

ＡＢＳ世代の幼少期から社会人になるまでの１９６０年代から80年代は、日本経済が最も成長した時代です。例えば、ＡＢＳ世代が「20歳前後に体験したこと」の質問では、「スキー」が全体の59・３％、「ドライブデート」が47・３％、「テニス」が44・６％、「ディスコ」が41・１％でした。そして「自分のクルマを持っていた」は28・９％、特に男性は38・８％がクルマを持っていたのです。

女性では「雑誌のファッションを参考にした」が42・６％、「当時流行していた洋服を買った」が45・７％、「ディスコ」が48・８％と、雑誌の影響を受けて流行の服を買い、遊びに出かけていた様子が伺えます。

当時のカルチャーを体験した理由を聞くと、「きれいになりたい、カッコよくなりたい」が47・1％、「彼氏や彼女を作りたい」が47・5％で恋愛欲求が多く、「多数の異性にモテたい」と思っていた欲張りな男性は26・4％いました。

人生で一番自分が輝いていた年齢の平均は「27歳」で、80年代バブル期と重なる時期と答える人が多くいました。こうした時代を過ごしたABS世代の主観年齢は、実年齢より平均で「マイナス6歳」でした。「マイナス10歳から20歳」と回答した人も半数近くいました。

「言葉」に対するイメージも聞きました。プラスイメージを感じるのは「前向きな気持ち・若さ・外見美の印象」「大人向け」という言葉が多く、一方で「高齢者」や「シニア（向け）」「おじさん・おばさん」という言葉はマイナスの印象が強いという結果でした。

実際に半数以上の人が、現在の「シニア向け商品」には抵抗を持ち、「自分たちが買う商品と思っていない」ことも判明しました。

今回の結果から見えることは、「シニアマーケット」は生まれた時代で大きく異なり、60歳以上の世代を一くくりにすると、ビジネスが失敗してしまう可能性が大きいということです。シニアビジネスは、「戦前・戦中世代」「団塊・ポスト団塊世代」、そして「ABS世代」の3世代に分けて考える必要があるようです。

ＡＢＳ世代というポテンシャルの高いマーケットを刺激して仕掛けることで、日本でも「真の大人社会、大人のライフスタイル」が生まれると感じています。

## ＡＢＳ世代がカッコいいと感じる人とは

２０２０年に実施したアンケート（44ページ参照）では、「カッコいい・素敵と思える有名人・著名人」を男女それぞれ１人、自由回答してもらいました。

「男性から見た男性」ではイチローが１位で、木村拓哉と福山雅治が同数２位。以下、所ジョージ、草刈正雄、阿部寛、高倉健さん、舘ひろし、明石家さんま、北野武、タモリ、矢沢永吉、中村雅俊、桑田佳祐と続きました。

「男性から見た女性」では、綾瀬はるかと吉永小百合が同数１位。以下、米倉涼子、松嶋菜々子、白石麻衣、黒柳徹子、竹内まりや、山口百恵、緒方貞子さん、上戸彩、深田恭子、長澤まさみ、石原さとみ、菜々緒でした。

「女性から見た男性」は、福山雅治が１位でイチロー、木村拓哉が同数２位。以下、矢沢永吉、桑田佳祐、西島秀俊、竹野内豊、佐藤健、所ジョージ、大野智、舘ひろし、中井貴一、草刈正雄、小田和正と続きました。

「女性から見た女性」は、天海祐希が圧倒的な1位。2位はほぼ同数で吉永小百合、樹木希林さん、米倉涼子が並び、以下、緒方貞子さん、北川景子、菜々緒、草笛光子、夏木マリ、松田聖子、木村佳乃、石原さとみらが挙がりました。

男性のベスト3は男女ともに一致しましたが、イチローは生き方のカッコよさ、木村拓哉と福山雅治の2人は、主にルックス面のカッコよさが理由のようです。また、男性が所ジョージを支持したのは、自然体で肩の力が抜けた「好かれるオジサン」に憧れているのかもしれません。

一方、男性は女性に「癒やしやかわいらしさ」を求めるのに対して、女性が天海祐希や樹木希林さん、米倉涼子らの「自立」した印象を支持しており、男性と大きく異なります。全般的に男性より女性の方が、「同世代や年上」世代の同性に共感する人が多く、単なるルックスではない、「心豊かでカッコいい生き方」を支持するようです。

ただ、実際に一番多かった回答は、「いない・分からない」でした。特に「男性から見た女性」は半数近くが「いない」でした。

自由回答ですので、名前が思いつかなかったこともあるでしょうが、芸能人や著名人への興味や関心がないことや、芸能人自身が昔に比べて求心力が弱ってきたことも理由のようです。

ＡＢＳ世代も若い頃は憧れの芸能人がいたと思いますが、年齢を重ねるうちに自分とは別世界の人として認識してしまったのかもしれません。しかし、人生１００年時代には「好奇心」を持ち続けることで、憧れの人のようなライフスタイルや生き方を得られる時間はまだまだあります。ルックスも含めて、その人の生き方や素のキャラクターといった「人柄」が魅力的に思える人は、「心豊かでカッコいい」人生１００年時代のロールモデルになると私は思います。

# 第2章

## 「人生100年時代」なんて
## 気楽に考えてみようか

## いきなり言われた「人生100年時代」への困惑

私は60歳を「還暦」とは呼ばず「真成人《しんせいじん》」と名付け、これからはドキドキ・ワクワク・ハッピーに満ちた「健康長寿社会」のQOL（クオリティ・オブ・ライフ＝生活の質）実現を目指そうと提案しました。その中心になるのが、若い頃にバブルを経験し、「人生を楽しむ術」を知るABS世代です。

厚生労働省が2018年に発表した日本人の平均寿命は男性が81・25歳、女性が87・32歳。これを受け、「人生100年時代構想会議」などでさまざまな政策議論が交わされています。年金制度や終身雇用の限界などから、これからは「一生現役社会」を目指すべきだという提言が主要なテーマです。しかし、不安なのは「お金」だけではありません。年齢を重ねると「健康・孤立」という不安も迫ってきます。

ABS世代を中心とした私の友人・知人に聞いたところ、「人生を前向きに捉えて生きたい」と思う一方で、現実を踏まえると「人生を楽しむという気分にはなれない、漠然と先が心配だ」という答えが多く聞かれました。こうした不安は私も十分理解できます。

しかし、私は思うのです。「一度きりの人生をどう生きるのか?」。これは万人に与えられた課題であり、そして平等に「毎年、誰もが1歳年齢を重ね、最後は確実に死に至る」のです。

ならば、生きている、いや生かされている人生をどう生きるか。これまでは会社のため、家族のため、子供のため、親のため、周囲のさまざまな人のために「生きてきた時間」を、今度は「自分の生きがい」のために使おうではありませんか！

では、人生の生きがいとは何か？　私は「人と交流を持ち、人や社会に承認される、人の笑顔を見る」ことを第一に挙げたいと思います。

アメリカの心理学者アブラハム・マズローは、人間の欲求は5段階あると唱えています。第1から第3段階は「生理的欲求⇓安全欲求⇓社会的欲求（帰属欲求）」で、これは生きて行くために必要な低次の欲求です。そして第4・第5段階に高次な心の欲求である「尊厳欲求（承認欲求）⇓自己実現欲求」がきます。

つまり、人はこれまで培った自分自身の価値を他者や社会に提供し、他者から認められ、感謝や尊敬、そして笑顔を見ることを大きな生きがいとして目指す存在なのです。具体的には「自分の強み」や「できること」「したいこと」を生かし、それを生きがいにつなげ、その結果として「何らかの対価」を得ることが「一生現役」ということなのではないでしょうか。

とはいえ、そのために新しい変化や挑戦をしなければいけないわけではありません。あのバブルの頃に一生懸命働いて一生懸命遊んで笑った、そうしたＤＮＡを持つＡＢＳ世代には、実現可能なことだと私は思います。

そこでドキドキ・ワクワク・ハッピーに人生１００年時代を生きるヒントを、私が学んだ人生のお手本となる方の生き方や自分自身の経験などをもとにお伝えします。

マズローの欲求５段階説にある「承認欲求（強みを生かし人の役に立つ）から自己実現欲求（自分らしさを見つける）」を満たし、そして「対価を得る」ことが生きがいを得るポイント。

➢ 社会や人から認められつつ、自らも成長を図りたい！・・・と、多くの生活者（顧客）が考えるようなった。
➢ そして最後は人との比較でなく自分自身がどんな強みがあるのかを認識する。

**マズローの欲求5段階説**

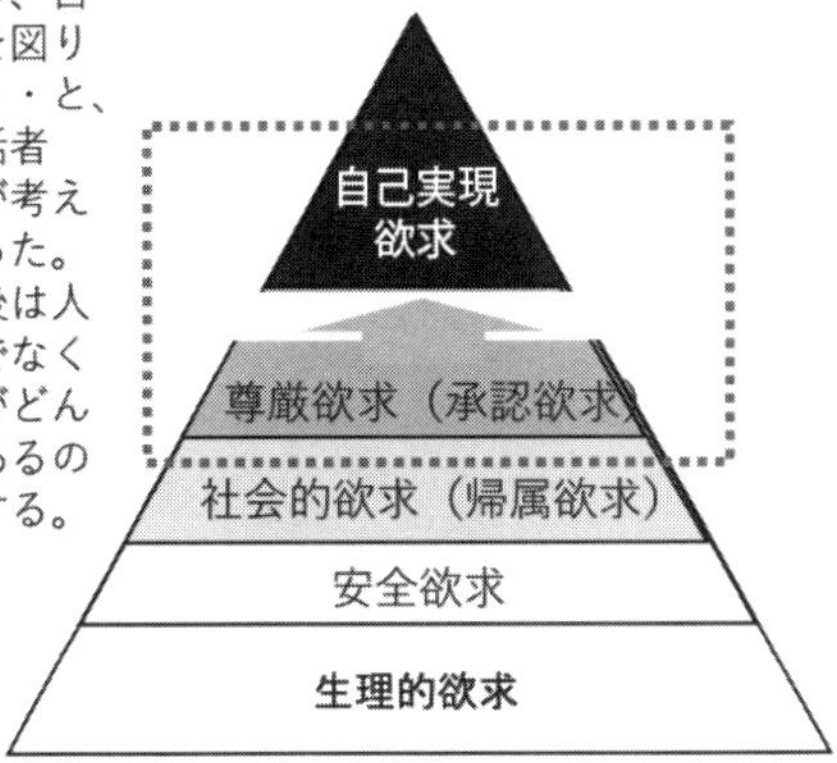

## 固定観念が影響する「60歳、心の曲がり角」

東京オリンピック・パラリンピック組織委員会の理事会で、森喜朗会長の後任に橋本聖子氏が全会一致で選ばれました。今回の森前会長の発言で、日本でも改めてジェンダー問題と言われる「男女格差」が注目されています。

ただ、森氏の発言に対して、一部世論は「老害」と非難していましたが、私や私より年齢が上の人たちは老害という言葉にとても違和感があったようです。つまり、「年齢格差（差別）」を感じたのです。

年齢を重ねると、若い世代より身体的に衰えていくことは事実です。しかし、高齢者を十把一絡げで「老人」と捉えるのは大きな間違いです。高齢者でも夢や目標を持ち「ワクワク」した人生を送っている人もいれば、若くても夢や希望がない人もいます。

エイジング学である「ジェロントロジー（61ページ参照）」では、「高齢者に対する固定観念」を教えています。若い世代には「高齢者は先細る」というネガティブなイメージがあり、そのイメージつまり「固定観念」を持ち続けたまま年を取ると、その人は本当に先細ってしまうのです。

最近、私の周囲でこんなことがありました。行きつけのバーで、いつも元気にアフターファイブを楽しんでいる常連の会社員が珍しく元気がないのです。話を聞くと、その日に60歳になり、職場から「還暦おめでとうございます。そしてお勤めご苦労様でした」と慰労会が行われた帰りでした。本人は周囲にそう言われて自分の年齢や社会における自身の立ち位置に気づき、「俺って、もう年寄りなんだ……」とマイナスな自覚をしてしまったのです。

フリーランスの私は、こうした職場の影響はないのですが、40代から50代の頃と比べると体に変化が出て、やはり年齢を重ねてきた自覚があります。そんな体の変化を自覚している中で周囲から高齢者扱いされると「やはり年を取ったんだ」と気分が下がり、老化が加速するのです。

私の母親も75歳になった時に「後期高齢者って、何だか死に近づいているみたいで、嫌な呼び方だわ」と言っていました。当時50歳だった私にはピンとこなかったのですが、60歳になった今はその気持ちがよく分かります。

やはり「気分」は大切で、過度なシニア・高齢者扱いはその人の意識やモチベーションを下げます。こうした気づきもあり、最近の私は85歳の母親にあえて少々心配させるような話をした後、「頼りにしている」といった話をします。母親はそれがうれしいようです。いくつになっても親子であり、親は子供から頼られると自身の「承認欲求」が満たされるのだと実感します。

## 好奇心をくすぐり「やる気スイッチ」が入るオトナの放課後

私は、50代のABS世代向けセカンドライフをテーマとした、ビジネスマン研修やセミナーの相談を受けることがあります。講座は「お金・仕事・健康」の今後と解決策というテーマが多いのですが、私はこうしたテーマに取り組む前に、まずは人生後半戦への「モチベーション」をどう高めるかが最大の課題と感じています。私もそうですが、50歳を過ぎると「プライド」や「固定観念」「新しいコトへの照れ」が誰にでも生じてくるからです。

人間の成長には「知識やスキルの向上」と、相手を受け入れる「器の拡大」の両立が必要と言われています。いわゆる「IQ=Intelligence Quotient（知能指数）」と「EQ=Emotional Intelligence Quotient（心の知能指数）」です。これはセカンドライフのテーマとも重なります。

そしてもう一つ大切な要素だと感じるのが「CQ = Curiosity Quotient（好奇心指数）」です。

私は本業のマーケティング研修で、「どうしてこの商品はヒットしたのか？　なぜ、こうした現象が流行っているのか？　人間観察をして自分なりに仮説を考えよう」と伝えています。つまり右脳のトレーニングです。こうした視点で物事を自分で見て考えることは好奇心につながり、「ドキドキ・ワクワク・ハッピー」に近づくことになります。

好奇心は新しいモノやコトだけが対象ではなく、自分自身の身近なことから十分に発見ができると思います。事実、私がＡＢＳ世代の持論を考えたきっかけは、ディスコに再び訪れるお客さんに関心を持って人間観察し、自分自身が「見て、聞いて、体感して」顧客のニーズ（何を求め、どうなりたいのか？）に気づいたことにあります。

百聞は一見に如かずと言いますが、インターネットで何でもすぐに検索できる時代だからこそ、リアルに人間観察することが好奇心をくすぐり、クリエイティブな発想が生まれると私は感じています。

そんな私は地元のバーに週に1回は一人で寄り道し、常連の男性や女性の仲間と、ざっくばらんに、ああだこうだと笑って話をします。私の体験や考え方を利害関係のない人たちと飲みながら話すことも楽しくワクワクする時間です。そこでＡＢＳ世代の共通認識を再確認したり、新たな気づきがあったり、市場調査ではなかなか表には出てこない人間の本音を垣間見ることができるのです。

私のモチベーションアップ、つまり「やる気スイッチ」は、こうした仕事や家庭と関係ない「プライベートな時間や空間」から入ってきます。私は一人で仕事帰りに寄り道することを「オトナの放課後」、行きつけのバーはサークル活動の仲間が集まる「放課後の部室」と呼んでいます。

地元のバーは利害関係のない人で賑わう、オトナの放課後の部室。

## パソコンのような「人生のＯＳ再インストール」のすすめ

人生１００年時代と言われ、定年が70歳に延長される動きも出る中、まだまだ先が長い50代の会社員に対して、「モチベーションが低い」とか「やる気がない」など、その「戦力」に関する疑問の声をよく聞きます。

以前にお伝えした２０２０年に実施したアンケート（44ページ参照）では、50代の人に対して「仕事へのやりがい」について聞いてみました。

その結果、「仕事が充実している、やりがいがある」は16・9％にとどまり、たしかに仕事に対して前向きでないことが明らかになりました。ところが一方で、「仕事のやりがいがない」も9・7％と少数でした。つまり、「仕事にやりがいはないけど、大きな不満もない」というＡＢＳ世代が多いことが分かったのです。

実際、私の周囲に聞いてみると、大企業の50代社員は役職定年や早期退職制度などで大きな変化があるようですが、中小企業は基本的に人手不足で、50歳以上の社員も貴重な戦力と捉えているようです。

中小の製造業では、職人気質のベテランが重宝されていますし、私が知る広告会社でもキャリアの長いクリエイターが、若手と一緒にＡＢＳ世代に向けた「心に刺さる広告コピー、メッセージ」開発で、忙しい日々を送っています。

多くの中小企業の会社員が世間で言うほど「戦力外」ではないとしたら、冒頭のようなネガティブな話が広がることは「気分」を曇らせ、それこそがモチベーションを下げる要因にもなりかねません。

私は当コラムで一貫して主張していますが、やはり「気分」は大切だと思うのです。今の50代や60代は心身ともに若く、若い心理や価値観も持っています。こうした大人のライフスタイルやビジネスは、今後の仕掛け次第では大きく活性化すると思います。

今の日本の人口は、50歳を境に約半々です。こうした状況の中で人生１００年時代の未知のライフスタイルを分析し、新しいビジネスを創造するには、顧客の気持ちが本当に分かる50代以上の社員の存在は必要不可欠です。

私自身の経験で言うと、50代になった時、仕事で若い世代を必死に知ろうとしたのですが、いくら調査結果を見ても若者のトレンドや気持ちが分からず、自信を失いかけていたことがありました。しかし、自分と同世代であるＡＢＳ世代の可能性の大きさに気づき、自信が甦りました。今は、魅力あるＡＢＳ世代のライフスタイル発信やビジネスの企画に、仕事として楽しく取り組んでいます。

「50代以降が前向きに働ける意識」を伸ばすためにも、世の中の気分づくりは大切です。そのための具体的な仕組みを官民一体となって作ると同時に、働く側も過去はいったんすべて忘れて、自分のキャリアの棚卸しを行い、動きが悪くなったパソコンのように「人生のＯＳ(Operating System：オペレーティングシステム：基本ソフトウェア）再インストール」を図れば、未来は見えてくると思います。

些細なプライドや固定観念を捨て去るには、思い込みをやめ、ほんのちょっとのことでもいいので、苦手だと思い込んでいることにチャレンジしてみる。そんな自分自身の意識と行動の変革から、今まで見えなかった自分が見え、忘れていた「ドキドキ・ワクワク」が取り戻せると私は思います。

## 年齢を重ねることを肯定的に捉える「アクティブエイジング」

「ジェロントロジー（Gerontology）」という学問をご存じですか？「老人」を意味するギリシャ語の geront に「学問」を意味する ology が連結した造語で「老年学」と言われています。

私は２０１９年にジェロントロジーを学びました。その理由はＡＢＳ世代の理論やライフスタイル提案の学術的根拠になる内容だからです。

ジェロントロジーとは、20歳頃から始まる人間の老化の仕組みを知ることで、逆に老化を遅らせて健康寿命を延ばし、いかに生活の質を高めるかというテーマを、医学、脳科学、心理学、社会学など学際的に捉えた学問で、欧米では数多くの大学に学部があります。

世界で初めてジェロントロジー学部を設置した南カリフォルニア大学（ＵＳＣ）と、日本の山野学苑（山野正義総長）が提携し、カリキュラムを確立しました。山野学苑創設者の山野愛子さんは、真の美しさを「美道五大原則」として理念に掲げました。「健康美・精神美」に、外見美である「髪・顔・装い」の5つです。

心と体が健康ならば外見も美しくなる。この考えがＵＳＣと山野学苑の間で合意して作成されたジェロントロジーを山野総長は「美齢学」と名付けました。

私がこの美齢学に共感したのは、アンチエイジング（抗加齢）より一歩進んだ「アクティブエイジング」というコンセプトです。「人間は毎年必ず1歳年齢を重ねる」、そして「死亡する確率は１００％である」、この2つの宿命を深く認識し、「いかに老化を遅らせて、心身ともに美しく豊かに年齢を重ねることができるか」というのがアクティブエイジングの考え方です。

われわれ日本人がイメージとして捉えているアンチエイジングは「若さが正義」という前提で、若いことが良いという固定観念が強い気がします。たしかに、寿命が短い時代は若い世代が世の中を動かすことが当たり前でした。しかし今の日本は50歳を境に下世代と上世代が「約半々」です。それならば若い世代のみならず、50歳以上の世代ならではの「文化・働き方・消費・暮らし」があると思います。

シニアライフは多分に「お金・健康・孤立」の3大不安を中心に、負の側面を語る傾向があります。しかしジェロントロジーは加齢を人生の後退プロセスではなく、前進させる「生涯発達」とポジティブに捉え、高齢化を前向きに受け入れることを基本としています。

「生きるほどに美しく」。これからの日本は成熟した真の大人がさらに活躍する場がたくさんあります。ＡＢＳ世代のみならず、すべての人間が年齢を重ねるほど「心豊かに、カッコよく」自分自身の価値を最大限に生かして人とコミュニケーションを図り、「ドキドキ・ワクワク・ハッピー」で、笑顔が絶えない。そんなＱＯＬ（クオリティ・オブ・ライフ）を創造する時代が来たのです。

## 渋野日向子プロに学ぶ「笑顔と幸福」の法則とは

42年ぶりに日本人として海外メジャー制覇を果たしたゴルフの渋野日向子プロ。その笑顔に、私はすっかりファンになってしまいました。そこで今回は、「笑顔と幸せ、そして生きがい」に関して私自身が身近で気づいた話をしましょう。

私の母親は83歳で一人暮らしですが、幸い元気に自活しています。元気の秘訣は、健康体操教室の「カーブス」で月15回のノルマを課して8年通っていることです。以前の私は、母親が健康に気を使って運動しているのだなと思っていただけでした。しかし昨年、彼女のやる気スイッチ（＝モチベーションの源）がどこから入るのか不思議に思い、改めて話を聞きました。

するとと母親は、自分はクラスの最年長、年下の会員さんから「私たちのお手本は鈴木さんよ。

鈴木さんが頑張っているから私たちも頑張れるのよ！」と笑顔で言われたという話をしてくれました。半分はお世辞と分かっていても、自分が認められて必要とされ、まだまだ人や社会の役に立っているのだと実感して「承認欲求」が満たされる。これこそが母の原動力であり、それゆえに笑顔で幸せな日々を送っているのです。

前回紹介した「ジェロントロジー」では、「成功と幸せの違い」を教えてくれます。人・モノ・金でビジネスが成功したからといっても必ずしも幸せであるとはかぎらない。幸せとは「相手の笑顔が見られること」である。あなたにとって大切な人（大切なお客様）を笑顔にしてワクワクさせると自分も笑顔になる。するとストレスが軽減されて心が健康になる（精神美が向上する）という内容です。

私は「認められる＝承認欲求」は、人間が生きがいを持つための大きな欲求（ニーズ）だと考えます。心理学者アブラハム・マズローが唱える欲求5段階説で承認欲求は上から2番目、そしてその上に自己実現欲求があります。人が生きるほどに美しく輝くことができるのは、人に認められること。さらには自己実現に向かって成長し、「笑顔のシャワー」を巻き起こすことなんですね。

ディスコに通うABS世代も同じです。同時代を同じ価値観で過ごした仲間が長年の時を経て、タイムマシンに乗って昔に戻ることで脳内にドーパミンが分泌されます。そこには仕事でもなければ家族でもない、一人の男性・女性、そして人間としての承認欲求が満たされる「笑顔あふれる」空間があるのです。

「スマイル・シンデレラ」と世界が評価した渋野プロは、笑顔の理由を「プロゴルファーはギャラリーがいて見せる競技なので、自分が心の底から笑顔でやらないと楽しんでもらえない。笑顔で努力をすれば結果に出ると思った」とコメントしています。彼女の笑顔は人を幸せにすると同時に、自身のメンタルもコントロールしているのです。

周りから認められ、周りの人を笑顔にする。すると自分も笑顔になり幸せになる。やはり「笑う門には福来たる」なのです。

「幸福だから笑うのではない。笑うから幸福なのだ」
（by 哲学者アラン）

## 高田純次さんはなぜ人気なのか

私もそうですが、還暦に近いほどの長い人生経験を蓄積するとプライドや固定観念が強くなるので、新しいコトにチャレンジする際に「照れ」が生じます。

私の場合、ビジネスで一番苦手だったのが「立食パーティーでの名刺交換」でした。もともと外交的で人と会話をするのは好きでしたが、パーティーで知らない人に声をかけて話をし、適度な時間で終了して次に向かう。あの立ち回りだけは本当に苦手でした。しかしビジネス、特にフリーランスという立場では、新しい人に積極的に関わりを持ち名刺交換することは大切です。

そこで私は、起業20周年を迎えた一昨年の57歳の時、気持ちを一新して大の苦手だった「声かけ」をちょっとした勇気で実行しました。するとどうでしょう、自分が思っていたよりもはるかに簡単でテンポの良いコミュニケーションが取れたのです。

なぜ、こんな簡単なコトを今までの人生で躊躇していたのか……。自分をバカバカしく思いました。自分の「照れ」が、新たな人との交流だけでなく、新しい気づきや世界の発見を阻害していたことを感じたのです。

これに関連して、もう一つの気づきがありました。私は「印象」をとても大切にしているのですが、年齢を重ねるほど「お茶目」なキャラクターが何かと得することに最近気づきました。

例えば、自分の失敗談を面白く伝えることができる。自分のできないことは素直にできない、知らないことは知らないとカミングアウトする。そして、いつも微笑んで相手を楽しくさせ、時には笑いを得ることを試みてみる。酸いも甘いも噛み分けた大人が、余裕を持ってこのようにお茶目に振る舞う。これができれば最高だと思います。

そこで思い出すのは適当（適材適所、ほどよい）男の異名を持つ高田純次さん。黙っていればニヒルな男なのに、話をした途端にひょうきんな憎めないキャラクターで人気です。こうした三枚目キャラが作り出す印象の意外性は人から好感を得ることができます。かわいいお年寄りが愛されるのも、素直でお茶目な印象と行動によるものでしょう。

人生経験豊かなＡＢＳ世代は、プライドを持っているのが当然です。しかし、本当に必要なプライドは「この領域なら俺に任せろ」「これは絶対にやり遂げる」といった「ここ一番」の時だけで十分です。普段は三枚目のお茶目なオジサンで、素直に「ありがとう」「ごめんなさい」と言える方が周囲から親しまれます。

復活したディスコに対しても、女性陣は「すぐに行きたい！」と行動しますが、男性陣の中には「今さらディスコ？」みたいに反応する人が多くいます。しかし、行けばやはり楽しく、若い頃の気分を思い返します。

ＡＢＳ世代は本来、楽しみ方を知っている世代。だからこそ、食わず嫌いはもう卒業しましょう。ちょっとした勇気で一歩を踏み出せば世界は広がり、好奇心も増して人生をより謳歌できます。その方が、後半戦の人生をより豊かで「ドキドキ・ワクワク・ハッピー」な日々にできると思いませんか？

パーティーで童心に帰る60代、永遠のシティボーイ？たち。

## 定年退職後の時間は会社員時代の約1・3倍

定年退職後にどう人生を過ごすか？ このテーマの回答として「夫婦で旅行をする」とか「趣味を持つ」とかいう話をよく聞きます。では、こうした生活だけで充実した人生が送れるのか？ 私は疑問を感じます。

ここに興味深い2つの時間比較があります。「9万5000時間」と「12万5000時間」。これは「生涯労働時間」と「定年後自由時間」です。

生涯労働時間は、大学を卒業して62歳までの40年間を、休日除いて「毎日平均10時間」働くとした時間です。定年後自由時間は、現在の日本人男性の平均寿命をもとに、定年退職後の63歳から82歳までの20年間「毎日平均17時間活動」（睡眠時間7時間）するとして算出したものです。

毎週月曜から金曜まで朝早く起きて出勤し、夜遅くに帰宅する。その多忙な40年間よりも、定年後の自由な時間の方が1・3倍も長いのです。しかも今後は、働き方改革や寿命の延びでさらに時間差は広がるでしょう。

こうなると、従来の「老後や余生」という認識は通じなくなります。自分の自由な時間を旅行や趣味でのんびり過ごそうという考えだけでは、本当に退屈な人生がやってきます。退屈さは老化を速め、健康寿命は短くなるかもしれません。

私は、一人で楽しむ趣味は長くは続かないと思います。一人で趣味を楽しめるのは「月〜金の仕事（＝オン）」があり、「土日の趣味時間（＝オフ）」に価値があるからです。毎日がオフでは、自分だけで楽しむ趣味は退屈します。実際に以前実施した調査では、「一人で楽しむ趣味」は、50代前半、後半、60代前半と、数字が下がっていきました。では、趣味を長く続けるにはどうすればいいのか？　その回答のキーワードはやはり「承認欲求」にあります。

例えば、写真撮影が趣味だとします。定年後、同じ趣味の人と交流を図り、撮影会を企画したり展覧会を開いたりして世間にアピールします。すると他人が自分の写真を評価してくれるだけでなく、対価を得ることも可能です。写真が雑誌に採用されたり人に技術を教えるなど、可能性が広がります。こうして他人から承認されることで趣味は「生きがい」に変わり、さらには「プチビジネス」となって年金にプラスされる収入につながります。

ＡＢＳ世代は遊ぶ術を知っており、バブルの頃の「楽しく・面白く・おかしい」世界観を皆が共有しています。そのＤＮＡを生かして、定年後も「一丁あがりの守りの人生」ではなく、元気で楽しい日々を過ごす「生涯現役の攻めの人生」を送りませんか？

趣味だけでなく、これまでの人生や仕事のさまざまな経験を棚卸しして、自身の価値を他人や社会に提供することで生きがいと収入を得る。それが人生１００年時代のＡＢＳ世代が理想とするライフスタイルです。

幸い、スマートフォンやインターネットを使えば、誰もが自分の情報を発信できます。今は、個人の創造性を発揮し、独自性ある人生を送ることが可能な時代なのです。

## やりたかった仕事を楽しむ秘訣とは

以前に金融庁の報告書に端を発した「老後2000万円問題」は大きな騒ぎとなりましたが、一方で私が感じたのは「老後・余生」は過去の考え方だということです。今後は生涯現役を続け、新しい生き方にチャレンジする時代がやってくると思うのです。

例えば私の周囲では、先行投資がほとんど必要ない「スモールビジネス（フリーランスや小さな起業など）」「プチビジネス（趣味で対価を得るなど）」を立ち上げる人が多くいます。特に女性が積極的です。

退職後、会社員時代の仕事経験を生かして起業する人、楽しみで続けていた趣味を磨きライフワークにする人などさまざまですが、特に後者は仕事から遠ざかっていた専業主婦などの女性に多く見受けられます。

しかし、優れたスキルがあっても、ビジネスで課題になるのは「営業力」です。人脈で仕事を受注するケースもありますが、それ以上に役立つ営業ツールがインターネットです。以前はホームページへの誘引が課題でしたが、今は個人が情報発信できるＳＮＳという強力なツールがあります。私の知人女性はフェイスブックやインスタグラムに自分の顔ヨガ教室の写真を掲載し、サイトに誘引したり、直接問い合わせを得ているそうです。

以前に、趣味の写真撮影をビジネスにする話をしましたが、例えば出張撮影のマッチングサイト「Our Photo（アワーフォト）」に登録しているカメラマンには、定年退職後にフリーランスで起業した人がいます。また、さまざまなフリーランスを支援する「ランサーズ」という仕事マッチングサイトも最近、テレビＣＭをよく見かけます。働き方改革によって、こうしたサービスの市場は拡大傾向にあります。健康であれば、自分の特徴を生かして末永くビジネスを行える社会が形成されようとしているのです。

従来、シニアの生きがいの一つとして、地域ボランティアへの参加が推奨されていました。もちろんそれでもいいのですが、自分の経験やスキルで対価を得るという生き方も選択できる時代なのです。

先日テレビで紹介されていた73歳の女性ユーチューバーは、スマホで自身のライフスタイルを毎日投稿し、フォロワーを増やして年金で足りない生活費を稼いでいました。毎日多くの人に閲覧されることが楽しく、生きがいを感じているそうです。

私も可能なかぎり仕事を続けていきたいと常々思っています。フリーランスには退職金がなく、年金もあてにならないというのもありますが、それ以上に人や社会の役に立ち、笑顔を見続けることで自分も笑顔になりたいと思うからです。大好きなディスコに通い続け、ファンキーなおじいちゃんとして「ドキドキ・ワクワク・ハッピー」な生涯を送りたいと思っています。

あの楽しかった時代を思い出し、再び「好奇心と目標」を持ってスモールビジネス・プチビジネスを始めてみてはいかがでしょうか。

## コロナで浮き彫りになった熟年夫婦の理想とは

新型コロナウイルスの影響はますます広がり、政府は全国に緊急事態宣言を発令。今まで以上にテレワークや不要不急の外出自粛が求められています。

こうした状況の中、在宅勤務で普段より夫婦が家で一緒に過ごす時間が多くなり、そのストレスや収入の減少などから口論となり離婚に至ることを「コロナ離婚」と呼び始めているようです。

２０２０年に実施したアンケート（44ページ参照）で、夫婦をテーマに2つの質問をしました。

1つ目は、配偶者との関係が今の自分自身にとってプラス、マイナスどれくらいの比率か。

2つ目は、60歳を過ぎた熟年夫婦の理想的関係についてです。

1つ目について、夫は妻の存在を「プラス67％、マイナス33％」、妻は夫の存在を「プラス60％、マイナス40％」と感じており、女性の方がやや否定的ではあるものの、全体ではプラスの傾向でした。

面白いのはその内容です。夫は妻に対して、プラスは「長年連れ添った安心感」やリスペクトする言葉が多いのに対し、妻から夫に対しては、「安心感・頼れる」といった評価が大半であるものの、「特にない」という回答が男性より多く目立ちました。

一方、マイナスでは、夫から妻へ「文句が多い、細かいことにうるさい」、妻から夫へ「頑固や面倒、気遣いのなさ」など、双方が感情的な要素を挙げていました。夫も妻も「相手に対する配慮の足りなさ」が長年の不満として積み重なっているようです。

2つ目の「理想的関係」の選択肢で、「夫婦仲よく連れ添う」を選んだのは夫39％、妻23％。「お互いに自立した関係」を選んだのは夫59％、妻72％でした。

基本はお互いを干渉したり依存したりしない。それぞれ気持ちは自立し、時々夫婦の時間を一緒に過ごしたり、親や子供のことで助け合ったりする関係を望む人が、夫より妻側に多く見られました。

夫婦であっても基本は他人。お互いの性格や価値観、得意・不得意に違いがあるのは当然ですし、そのために役割も異なります。

ABS世代は結婚生活が長い方が大半ですが、コロナ離婚もさることながら「熟年離婚」に至らないためには、大きく2つのポイントがあると思います。

まずは、「本当の意味で、相手を思いやる」ということ。例えば、パートナーが今一番欲しいものは何か、すぐに答えられますか？ それは、「ありがとう」という感謝の言葉かもしれないし、一人の時間かもしれないし、あるいは旅行のお誘いかもしれません。

そして「自立」です。今回のコロナのように、何か問題に直面した時は力を合わせますが、基本はあまり依存、干渉せず、それぞれの生きがいを持つことで、社会の一員であるという自覚が生まれ、魅力的に年齢を重ねていけるでしょう。それは、やがて連れ合いに先立たれた時も孤独にならない結果につながり、お互いの人生がよりハッピーになると考えます。

夫婦が長続きする秘訣だって?
それは、一緒にいる時間をなるべく少なくすることさ。
（by ポール・ニューマン）

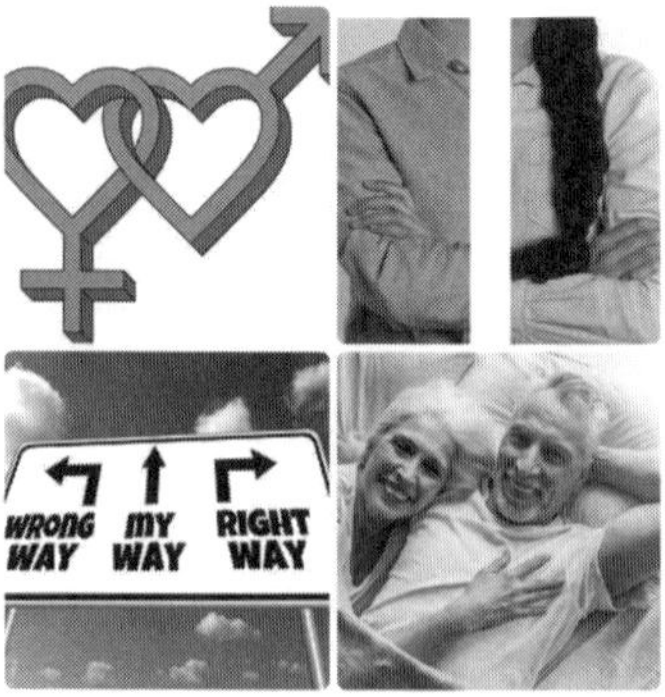


## 人生を豊かにする大人（熟年）の恋愛と結婚

お笑いコンビ「ナインティナイン」の岡村隆史さん（50）が先日、結婚を報告しました。お相手は30代の一般女性です。人生１００年時代と言われ、昔と違い長寿化する現在は、50代で結婚してもその後に長い人生があります。

一方、50歳まで一度も結婚したことのない人の割合を示す「生涯未婚率」は年々上昇し、

２０１５年の国勢調査によると男性が23・４％、女性が14・１％です（※２０２０年国勢調査では男性28・３％、女性17・８％）。離婚による独身者がこの数字に加わると、さらに高い数値となります。

婚活コンサルタントの池津和子さんは、独身者に対するコミュニティの形成を通じて「出会い」の場を提供し、婚活サポートをしています。池津さんによると、50歳を過ぎた独身者が結婚しない大きな理由は、基本的に自立していることが大きいと言います。男性はそもそも結婚を考えていない人が多く、女性は社会進出で一定の地位や収入があるため、独身でも困らないことが大きな要因です。

また50代になると恋愛に対して臆病になり、「若い時と違い、自信がない」とか「どうせ自分なんか」「もう今さら面倒」といった意識を持つ人も少なくないようです。しかし、「健康・お金・孤立」というシニア３大不安は年齢を重ねるほど強く感じるようになります。

婚姻関係を持つか持たないかは別問題として、豊かな人生を送るために「パートナー」の存在は必要だと私は思います。

私の父親は52歳で他界しています。２歳年下の母親はそれ以来独り身ですが、60歳の時に恋に落ちました。３歳年下のバツイチの男性でした。出会ったのは、母親が好きで通っていたカラオケ喫茶。そこで知り合い、男性の方からアプローチされたそうです。

当時、母親は「いいお友だちができた」と話しており、私は再婚するかと思いましたが、男性は要介護のお母様と同居でしたし、母親も一人暮らしの気楽さを手放す気はなく、お互い話し合った結果、「良きパートナー」として交際していました。

しかし男性は、70代前半に病気で他界。今でも印象的なのは、その男性が亡くなる前と後の母親の変化です。

本人も「私の青春は60代だった」と言っていますが、彼氏が撮った写真を見ると本当にうれしそうで、自分の母親ながら「恋する女性」に見えました。しかし、亡くなった後はショックが大きく、急に年を取ってしまった感じでした。やはり人は何歳になっても「恋する」こと、「人を頼る、人に頼られる」ことでハッピーホルモンが分泌し、生活に活力が出ることを私は実感したのです。

前出の池津さんは、「本当は恋愛したい、結婚したいと思う潜在層は多い」と言います。しかし、年齢からくる固定観念が邪魔をして一歩が踏み出せないそうです。

その点で私の母親は自由奔放。「いい年をして……」という世間の声などどこ吹く風でした。人生は一度きり。熟年の恋愛や結婚も、他人の目は気にせず固定観念を外すことで見える光景は変わり、自分らしさが生まれ、楽しい人生が送れるのではないでしょうか。

人生で忘れた方がいいことは「年齢」、
忘れてはいけないことは「恋する気持ち」。

## 男と女、異性に何を求めるのか

私が50歳の頃、大手出版社の女性編集長から「60〜70代女性向け人気コンテンツは官能小説だ」と聞いたことがあります。女性が「胸キュン」したい欲求は永遠なのだ、と痛感しました。そこで今回はABS世代でもある官能小説作家、佐伯香也子さんからABS世代の性愛について聞きました。

官能小説も多くが電子書籍化していますが、驚いたのは読者層です。紙の書籍の購入者は60～70代の男性がほとんどで、電子書籍は90％が女性。年齢層も幅広いそうです。

若い男性は動画で性的欲求を満たしますが、小説は視覚効果がない分、文字から想起される「妄想」が感情や興奮をかき立てます。男性は性描写が多い作品を好み、女性はストーリー性がある作品を好むそうです。

興味深かったのは、心理学者ユングが提唱した内なる異性、「アニマ・アニムス」の話です。それぞれ4段階の成長過程があります。

アニマは「男性の内なる女性性」で、現実の女性選びに影響します。1番目は「エロティックなアニマ」。性欲に直結するエロい女性を求めます。2番目は「ロマンティックなアニマ」。素直でかわいい女性に惹かれます。3番目は「霊的なアニマ」。ここで初めて女性の内面に目が向き、崇高な女性に性欲抜きの無償の愛を捧げます。そして4番目は「知的なアニマ」。性欲は完全に消え、すべての人を高い霊性に導く絶対的な愛が獲得され、男性版マザーテレサになります。しかし、ほとんどは3番目止まりです。

一方のアニムスは「女性の内なる男性性」です。1番目は「力のアニムス」で、この段階のアニムスを持つ女性はとにかくマッチョな男性に性欲を抱きます。2番目は「行為のアニムス」。バリバリ汗水流して頑張って働く男性をカッコいいと感じます。3番目は「言葉のアニムス」。物事を論理的に語れる男性に傾倒し、自分もそうなろうと努力します。そして4番目は「意味のアニムス」。単に知的なだけでなく、深い真理を解き明かしてくれる男性に憧れ、自分もそこへ到達しようとします。

つまり、女性はアニムスの成長段階に応じて自分が目標とする「尊敬できる男性」を好きになる、と佐伯さんは言います。結婚生活が長いＡＢＳ世代も、夫が一皮むけて人間的魅力が増せば、妻は再度惚れ直すことができるそうです。「固定観念・プライド・照れ」を外すことが、どれだけ男性の人生を充実させるかが、男女の性愛からも分かります。

平成の約30年間、社会はあまりにも合理化されて理論（左脳）優先になり、ビジネスでも型にはまったモノ・コトしか出てこなくなりました。その弊害を打ち破るかのように、感性や感情を司る右脳を活発化させた女性たちの元気が増してきています。

コロナ収束後の新しい社会は右脳を生かす時代。例えば再ブームのディスコのようなカオス的空間が左脳一辺倒の男性を目覚めさせるのかもしれません。キーワードは「非日常」です。

哲学を持つ「真の強い男」は永遠に女性から愛される。（右下が佐伯さん）

## 何歳になってもモテ男でいられる「体質改善」とは

男性はいくつになっても「モテたい」が本音だと思います。そこで今回はコミュニケーション能力開発トレーナーの高井ノリマサさん（56）考案の「モテ体質メソッド」を紹介します。

高井さんは以前、ＡＶ監督「溜池ゴロー」の名で活躍され、美熟女ブームの火付け役でした。

当時、約２０００人の女性と対話したそうです。その後、日本アドバンスドＮＬＰ協会認定コーチ資格を取得。20年間で得た自身のデータと、NLPによる脳科学を用いて「モテ体質メソッド」理論を開発しました。現在は男性限定能力開発スクールやセミナーの人気講師として活躍しています。

高井さんがまず説くのは「モテようと思うな、嫌われないよう心がけよ！」です。男性がイメージするモテ男はお金持ちや肩書のある人、見た目のカッコいい人ですが、変に取りつくろうと、女性からは気持ち悪いと思われます。

次は「ゼロではなく、マイナスからのスタートを心がけよ！」です。人間関係はゼロからと考えがちですが、女性はまず男性を疑い警戒します。このマイナスをゼロに戻すためには「キモい、クサい、コワい」と思われないことが鉄則です。

髙井さんが対話した2000人の女性の「好きなタイプ」は皆バラバラでしたが、「嫌いなタイプ」は「不潔、うじうじしている、不自然」と共通していたそうです。

「不潔」には、服装や髪型などの見た目の不潔と、頭をかいたり鼻をいじるなど行動の不潔があります。「うじうじしている」は、過去の後悔から未来の不安にとらわれている状態。女性は今、そして未来に生きようとしているため、大きなギャップが生じます。

「不自然」は男のプライドや見栄です。肩書や年収などの社会的地位、自慢話、武勇伝などは女性にとって「どうでもいい話」。虚勢をはった「上から目線」に不自然さを感じ、完全にその男性を嫌います。

では、どうしたらモテるのか？　シンプルに前記の逆を行えばいいのです。

まずは「さわやかで明るい男」。清潔感があり、悩みは外に出さず、明るく振る舞う男性です。そして「不自然でない男」。強みを自覚し、自分軸があり、他人と比較しない男性です。

こうした男性は自分をよく理解していますから、等身大の自分をうまく演出し、お茶目な振る舞いも交えて女性を楽しく笑顔にします。

高井さんは「バカボンのパパ」を尊敬しています。誰が何と言おうと「これでいいのだ！」と確信すること。固定観念やプライド、照れがない、自然体でドラマチックな生き方をする男性に女性は心底惚れます。

モテるためには、肩書やテクニックを磨くのではなく、「体質改善を図る」こと。そうすれば無意識にモテる行動や言葉、しぐさが発せられるようになります。私も含め、多くのＡＢＳ世代の男性諸氏は、根本的に考え方を改めた方が良さそうです。

些細なプライドとコンプレックスを捨て去ると男は覚醒する。（右下が高井さん）

## 「伝え方の極意」で夫婦円満に

ABS世代の中には、子育てが終わって夫婦2人の生活に戻った人も多いと思います。そこで今回は、人間関係における問題解決が専門で、30年以上の個別カウンセリング経験をもとに「ハピネス心理学」を主宰する宮崎英二さんに、生涯円満な夫婦関係を築く極意を聞きました。

良きコミュニケーションとは、「話し合い」で「自分の思っていることを伝える」、あるいは

「論理的説明をする」と考える人は多いと思います。しかし、現実はうまくいきません。

マネジメントで有名なピーター・ドラッカーは「コミュニケーション成立のカギは受け手にある」と説いています。いくら正論でも受け手に反感があると、話し手の論理は受け入れられません。

最初はラブラブな結婚生活も、ほんのちょっとの反感から「対立→批判→非難→攻撃」と発展し、熟年離婚に至る例は少なくありません。そこで宮崎さんは「今日から実行できる伝え方の極意」を説きます。

帰宅してキッチンで家事をしている奥さんの後ろ姿に向かって「君って天才だね」と声をかけます。そして「何言ってるの?」と否定的返答がきたら、もっとほめてほしい証し。次に「本当に最高だよ」と言います。「え?　何?」と返ってきたら「だから君は何でもできて、うまくいくんだね」と告げます。

つまりYou First＝あなたが一番、という姿勢で伝えるのです。「天才」は天から受けた才能というキラーワードで、後ろからの声かけにはサプライズ効果があります。夫も、面と向かって言うより伝えやすくなります。

これ以外にも、「この前、おふくろが『本当にあなたは良いお嫁さんもらったわね』と言ってたよ」と、さりげなく伝えましょう。同性からの評価、特に姑から認められた証しはうれしいものです。

これらはすべて「相手が喜ぶ言葉のプレゼント」。口で言えないなら、メモ書きやメール、LINEなども効果的です。タイミングとしては、誕生日や結婚記念日が実行しやすいでしょう。

「そんな見え透いたウソのようなことをするのは無理」と思うかもしれませんが、ウソは人をだまして自分だけ利益を得ることで、奥さんをほめるのはウソではありません。宮崎さんは「男性はみんな、命をかけてビジネス社会の荒波を乗り越えてきたのですから、その気になれば容易だ」と言います。要は、照れを外すだけです。

人間は「ほめてほしい、認めてほしい」生き物です。現代のストレス社会では愛が渇望している人が多いので、奥さんだけでなく会社の部下や上司とのコミュニケーションにも生かせます。

アドラー心理学でも紹介されているエンカレッジは「励ます、自信を持たせる」こと。承認欲求をくすぐることがポイントで、宮崎さんは「これを知れば人間関係のトラブルは何でも解決できる」と話しています。

積極的に「あなたが一番」と言えば
人間関係はハッピーになる。（右下が宮崎さん）

# 第3章

# いくつになっても好奇心旺盛で年齢を忘れている人たち

## 「遊び心」から新たな価値を生み出す達人(サトウリッチマンさん)

ＡＢＳ世代が影響を受けたバブル期は、好景気に浮かれた軽薄なイメージだけが伝えられていますが、それは大きな間違い。バブル期にはクリエイターたちが高い価値を育んでいて、こうした価値は来たるＡＩ時代にも生かせるかもしれません。私が主宰するＡＢＳ研究会の主任研究員でもあるサトウリッチマン（本名・佐藤豊彦）さん（61）は、バブル期から活躍しているクリエイター兼コンサルタントで、バブル期の真価を知る一人です。

サトウさんは、当時の渋谷に住む若者のライフスタイルを描いた小説『なんとなくクリスタル』の著者、田中康夫氏とともに、ＡＢＳ世代の人気雑誌『ＰＯＰＥＹＥ』で活躍。また、赤川次郎氏や林真理子氏らの小説や、多くの雑誌・広告のイラストレーション、伊勢丹の空間デザイン、高島屋・三越などのキャンペーン、テレビＣＭなども数多く手がけました。

サトウさんは、バブル期のすごかった点として「新しいクリエイティブをどんどん追い求めた」ことを挙げます。この時代はあふれ返る情報の中でも目立つ「チャレンジングな遊び心」が求められたのです。成果だけを求めて仕事の効率化を図る今とは違い、さまざまな人間が、さまざまなアイデアを出し合っていました。それらが化学反応を起こし、街やメディアには「理屈は分からないけど、めっちゃイイね！」みたいな、ワクワク感のある「モノ・コト」があふれ出していました。

当時の私は広告代理店に勤めていましたが、広告主さんも「遊び心」に理解がありました。仕事は大変でしたが、「何か面白いことはないか」という「無駄話」のようなミーティングや、企画の熱意を伝えるための仕掛けを施した大がかりなプレゼンテーションは楽しかったものです。こうしたクリエイティブバブルこそが、バブル経済の裏で生み落とされた真価なのです。

実はこうした状況は、その後アメリカで起きたインターネットバブルとも似ています。日本のバブル期と同様にマインドや熱意にお金が集まり、ベンチャー企業が育ち、グーグルやアマゾンのような企業群が世界を席巻していったのです。

一方で、バブル後の日本経済は萎縮し、今やＩＴやＡＩ（人工知能）に仕事を奪われる不安に満ちています。サトウさんと私の統一見解は、「一般的な業務や人事などの評価さえ基本的にＡＩが処理する時代となり、事例や理論的判断では人はＡＩには勝てなくなる」ということです。

では、ＡＩにはできなくて人間にしかできないことは何か？　それは、これまでデータが蓄積されていない新たなライフスタイルを創造・実践したり、瑞々しい感性を生かした仕事を持つこと。つまり「チャレンジングな遊び心」から生まれる、今までにない「価値」なのです。

ＡＢＳ世代はみんな、〝戦後のおいしい時代〟を生きてきました。そして今再び、柔軟な考えでチャレンジする真の大人たちが出現し始めています。バブル期の「好奇心・ワクワク」が甦るような「モノ・コトの創造」を通じて、社会を明るいムードにするライフスタイルやビジネスが注目され始めています。

サトウさんは瞑想にも取り組んでいます。
柔軟なアイデアは、そんなライフスタイルから湧き出るのかもしれません。

## ロサンゼルス在住の「バブルの申し子」の今（小林幸子さん）

私が主宰するＡＢＳ研究会は、海外在住の日本人ＡＢＳ世代からも情報を受け、これまでの日本にはない大人のライフスタイルやマーケティング分析結果を発信したり、企業のコンサルティングを行っています。

今回ご紹介するＡＢＳ研究会ロサンゼルス駐在員の「新宿サチコ」こと、小林幸子さん（58）は、新宿生まれ新宿育ちの元ミス新宿。彼女もバブル期を謳歌し、その後、渡米して2人の子育てをしながら仕事を続けてきました。異文化の中で頑張れるモチベーションは、実はバブル時代に培った自分への信頼と自信であると言います。

幸子さんは当時隆盛を極めたイベント・コンパニオンでした。１９８４年、ＭＡＺＤＡミス・ロータリー原宿ショールームスタッフとなり、東京モーターショーではナレーターを務め、レースクイーンとして全国を飛び回り、〝マツダの顔〟として活躍していたそうです。

また、これも当時大ブームだったミス・コンテストで数々の賞を受賞。それを機に、モデルやタレント活動をするなど、まさに「バブルの申し子」のような経験をしました。そして、バブルがはじけた直後の92年に結婚・渡米。現在はロサンゼルスで日本語テレビ番組のアナウンサー、司会者、声優、アジア人モデルなどの仕事をしているそうです。

幸子さんにとってバブル時代は、生活すべてが夢のような毎日。金回りがいいだけでなく、当時のABS世代がどれだけ「仕事、遊び、生き方に積極的だったか！」を当事者として目撃しています。

当時は日本全体が好景気に沸き、特にABS世代の多くは寝る時間を惜しんで仕事と遊びを両立していました。その驚異的な気力と体力の裏には各人の意欲と努力があったのです。

バブルというと、ディスコに代表される「遊び」の面だけが強調されますが、当時の日本人がバブル景気によってどれほどのマンパワーを発揮したかも考えるべきだと思います。

当時の若者のエネルギー源は「遊び」だったのではないか、と幸子さんは言います。仕事でフル回転した頭と体。その活力を持て余した人々が夜の街にあふれ、朝まで遊び、また職場に戻る。幸子さんは職業柄、さまざまな芸能人とも遊び、それも刺激的。もちろんディスコでは、お立ち台の花。まさに、当時流行ったCMコピーのように、24時間戦う超人的生活だったのです。

幸子さんは当時を象徴する生き方をしていましたが、そんな世の中の大きなエネルギーの渦を私たちも少なからず経験しました。そして今。子育てが終わり、定年を迎えても、静かに老後を送る人生では満足できないと考え、再び第一歩を踏み出す人がたくさんいます。

これまでのシニアに対する固定観念に縛られている人からすると、想像できないかもしれません。しかし、こうした活動的マインドを潜在意識として持っている人は確実に増えています。新しいライフスタイルと生き方、そしてシニアビジネスの市場は確実に存在しているのです。

幸子さんは海の向こうのロサンゼルスから私たちに、「もう遊ぶのは終わりなの？　それとも、これからもブイブイ言わせるの？」とメッセージを送っているのです。

日本のバブルの経験が今に生きる幸子さん。
アメリカのライフスタイルに年齢は関係ないそうです。

## ニューヨークで創造するライフシフト時代のモノ・コト（カツア・ワタナベさん）

前回に続いて海外で活躍するＡＢＳ世代を今回も紹介しましょう。２人目は、私と同様にエイジングのメカニズムを解明する専門学「ジェロントロジー」を修了したニューヨーク在住のクリエイター、カツア・ワタナベさんです。

カツアさんは、１９８０年代にパリでファッションの仕事をし、90年代からニューヨークでファッション・ビューティー・ライフスタイルのクリエイティブ・ディレクターとして活躍。現在もニューヨークを拠点に、アメリカ、ヨーロッパ、日本で企業のクリエイティブ・ビジネスのディレクションを行っています。

ＡＢＳ世代について、カツアさんは次のように話します。ニューヨークには、日本人の感覚とは異なった、とてもシニアとは思えないカッコいい50〜60代のマダムがいて、トレンドファッションと自分が若かった頃に流行ったビンテージ服をうまく組み合わせ、個性的スタイルで街を闊歩しています。そんな光景を見ると、日本でもＡＢＳ世代が従来のシニアイメージとは異なる、自分たちが欲しいモノを自分たちで作って消費する文化が到来するのではないか、と。

例えば80年代に流行したファッションで代表なのは、アルマーニなどの海外ラグジュアリーブランドや、ワイズ、コム・デ・ギャルソン、ビギ、ニコルなど国内DCブランドです。これを着た経験があるABS世代は、シニアイメージの強いグレーやベージュの服には抵抗感があります。

カツアさんは、ABS世代が求めるファッションはトレンドを押さえながらも動きやすく、快適なストレッチ素材のストレスフリーな服だと言います。カジュアルでありながらスタイルがあって、仕事着にも使え、それに何か加えてドレスアップすれば、遊び場にも着ていける多目的な高機能ファッションブランドがカツアさんの提案です。

その上でカツアさんと私が重要だと思うのは、そうした「モノ」を着て出かけられる「コト（体験）」作り。つまり「ワクワクした時間や空間を消費したくなる」潜在ニーズの掘り起こしです。80年代の遊び場はディスコ、カフェバー、プールバー、ライブバー、VIPラウンジなど多数あり、そこにはデザイナーやコピーライターなど人気のカタカナ職業の人とともに、オシャレな若者たちが集まっていました。

しかし、日本にはどうも「遊び場は若い人の場所」という固定観念があり、大人たちが行きたい場所がなかなかありません。けれど、若い頃の感覚を今も持ち続け、ワクワクを感じる時間や空間を求めているABS世代は大都市中心に多数います。

この「ワクワク」は、ジェロントロジーで言うところの「ハッピーホルモン」であるドーパミン分泌によるもので、心と体とルックスを若返らせ老化を遅らせる効果があるのです。そうした「ワクワク」を得られる「モノ・コト」がないなら…とＡＢＳ世代のマーケッターやクリエイターたちが出した結論は「ないなら自分たちで作るしかない。それも今の時代風に最高にカッコいいものを！」です。

従って、私たちＡＢＳ世代は今後も積極的にビジネスに加わり、若い世代と一緒になってライフシフト時代の市場創造を担っていくべきでしょう。まさに、そんな時代が到来したのです。

ニューヨークを拠点に活動するＡＢＳ世代のカツアさん。
欧米のような大人たちのカルチャーが日本でも始まっています。

## 50歳からは「やれる仕事、やりたい仕事」で対価を得る（山本さん、DJ TAKAさん）

コロナ禍でテレワークが普及し、定年延長や副業解禁など、働き方が多様化しそうです。そこでユニークな働き方を実践するお2人をご紹介します。

熱海在住の外資系IT企業勤務の山本さん＝仮名（56）＝は、かつてニューヨーク勤務の際に「面白いことをやろう」と仲間を集め、資本を出して2012年にスポーツバーをオープンさせました。現在もオーナーで、再びニューヨークに移住するか、あるいは何か新しいことを始めるか、今後のライフスタイルを模索しているそうです。

山本さんは新卒で大手メーカーに就職しましたが、同期の多くはすでに早期退職し、個人でITコンサルタントなどの事業を手がけています。大儲けとまではいかなくとも生活に十分なお金を稼ぎ、ワーク・ライフ・バランス（仕事と生活の調和）の取れた日々を送っていると言います。

私が40代の頃にディスコイベントで知り合った、DJ TAKAこと古橋孝之さん（60）は、長年勤めた総合卸商社を退職。DJに加え、パフォーマーとしても再スタートを切りました。TAKAさんは、若い頃からクリエイティブ指向が強く、会社の中でも尖がっていました。それが功を奏して、さまざまな新規プロジェクトに参画したそうです。

音楽が大好きなＴＡＫＡさんは大学生の頃レコード店でアルバイトをし、さまざまな音楽の知識を得ました。その頃はＤＪのように曲をつなぐリミックステープを作っていたそうです。そんなＴＡＫＡさんの転機は30代の時に訪れたソウルバー。オーナーと仲良くなり、お店のＤＪを担当したのです。その後、プロのＤＪとも知り合い、30代の頃にディスコイベントのＤＪとして本格デビューしました。

しかし、本業はあくまでも会社員。ＤＪは週末限定の副業でした。会社でも「週末ＤＪ」の噂は広がりましたが会社は見て見ぬふりで、社長からは「テリー伊藤みたいだな」と言われていたそうです。

ＤＪの楽しさは、選曲もさることながら、自身のパーソナリティーを表現してダンスフロアを盛り上げ、「皆を笑顔にさせること」とＴＡＫＡさんは言います。

長年、母親の介護もしていたＴＡＫＡさんですが、お母様も他界され、息子としての務めも果たしました。当然、延長雇用という選択肢は眼中になく、60歳からは自分らしく生きようと再び新たなチャレンジを始めました。

会社員人生が終わった後は、自分らしく生きられる居場所を持つことが何より大切。そのためには会社と家庭以外の「個人の顔」が必要です。その「顔」を持っている人は、山本さんや

TAKAさんのように定年後も「人を笑顔にさせる」ことで対価を得る人生を送れます。

これまで、会社や家族のため「やらねばならぬ」ことで頑張ってきたのですから、50歳を過ぎたら「やりたい」ことをやって対価を得る、新しい働き方を見つけるのも楽しそうです。その時に障害になるのは、「自分にはできない」という固定観念。でも、好奇心と行動力があれば誰にでも実現可能。アフターコロナは「個人が輝く時代」なのです。

ニューヨークに再び旅立つかもしれない山本さん（右上）と、会社員からDJに転身したTAKAさん（下）。

## 人を幸せにし、自身の好奇心を甦らせる「冒険の旅」（内田和行さん）

（一社）日本元気シニア総研のメンバーには個性豊かな人が大勢いますが、内田和行さん（72）もその一人。2019年に、4カ月間の「日本一周冒険の旅」を敢行しました。

内田さんにとって冒険の旅とは、人との交流を通じた「価値の交換」と「自分自身の新たな発見」です。そもそも、内田さん最初の冒険の旅は、高校を卒業してすぐ。アルバイトでお金を貯めてバイクを購入、野宿しながら50日間で日本を一周しました。行く先々で、その土地の風情に触れ、「人との出会いと新たな気づき」に感動したそうです。

しかし、20～30代は仕事と家庭で忙しい日々。38歳の時に奥様を亡くされたため、男手一つで3人の娘さんを育てあげました。

それでも冒険心を失ったわけではありません。若い頃、アメリカ映画『イージー・ライダー』に魅了された団塊世代の内田さんは憧れのハーレーダビッドソンを購入し、44歳で日本列島を縦断します。そして46歳の時に念願のアメリカ大陸横断にチャレンジ。テーマは「日米理解を図る市民交流」で、自身のアイデアDMを作成し、英語・日本語版を配布しました。さらに48歳の時には3姉妹をワゴン車で併走させながらアメリカ大陸を横断して、父親の勇姿を娘さんの目に焼き付けたそうです。

51歳の時には、日本赤十字社とアメリカ赤十字社後援で「ストップ・エイズキャンペーン」啓蒙パンフレット配布と募金活動を行いました。こうして１９９９年までに5回の冒険の旅を達成し、新聞にも掲載されました。

内田さんは67歳で仕事をリタイアしましたが、２０１９年に20年ぶり、6回目の冒険の旅、日本一周をかなえました。テーマは「素晴らしい日本」。賛同してもらった市町村の観光地を訪問し、写真やビデオ、そしてドローンで撮影。中でもユニークなのは「おもてなしの心」を切り口に、トイレ事情を調査したことです。素晴らしい観光地の感動も、トイレが汚いと台無しになると常々思っていたからだそうです。内田さんは持病の糖尿病でトイレが近いこともあり、トイレをきれいにしてもらいたいという願いもあったのです。

旅の前には、大学病院で健康改善のアドバイスをもらい、ジムで体を鍛え、糖尿病の数値を10カ月で驚異的に改善。医師からの了承を得ます。そして軽自動車のキャンピングカーを中古で購入し、テーマを記した車体のステッカーやＴシャツとともにスタートしました。全国４００カ所で取材し、自身のフェイスブックやＹｏｕＴｕｂｅで情報を発信しました。

男性は皆、少年時代に「冒険心」があったと思います。夫婦でのんびり温泉旅行も素敵ですが、内田さんのように夢を具体的目標に変え、行動して体験を発信する旅は、人を笑顔にさせ、自身を幸福に導く「ロマンある男の旅」だと思います。

内田さんは次の冒険の構想を練っています。

## 自身の旅行企画で「家族を笑顔」にする元クイズ王（北川宣浩さん）

今回も「旅」がテーマです。２０２０年に実施したアンケート（44ページ参照）で、「若い時にかなえられなかった夢や目標があるか？」を聞いたところ、男性57％、女性61％が「ある」と答え、人生でやり残したコトがある人は半数以上いました。

しかし、その中身はというと、多くは今からでも実現可能な内容が多く、「世界一周や日本一周」など旅行に関する回答も多く見られました。

私が若い頃に勤務していた広告代理店の先輩で、現在は旅行業のマーケティングコンサルティングを専門とする北川宣浩さん（66）は、「シニアの旅行も、従来のパッケージツアーから個人がプランを立案する傾向にある」と言います。

北川さん自身、大学時代は自転車で旅に出かけたり、国鉄の全線制覇もしたそうです。また、レイルウェイ・ライターの種村直樹氏に師事し、種村氏の鉄道旅行に同行して著書や記事にイラストを提供していました。

結婚後は北海道に魅せられ、毎年家族4人で道内を隅々までドライブ。ついには「北海道観光マスター」の資格を取得しました。

北川さんは、旅行の楽しさは「行く前」「旅行中」「帰宅後」の3段階あり、「行く前」が一番ワクワクすると言います。毎回、旅行のテーマを決めて、自分で情報を収集。昔は地図や時刻表だけでしたが、今はインターネットであらゆる情報を集めることが可能です。

移動ルートから観光地、グルメ、そして宿まで、あらゆる情報の中からテーマに即した内容をセレクトし、自分で「旅程表」を作成します。そして事前にグーグルアースやグーグルストリートビューを使い、旅のシミュレーションまで行うそうです。

こうして完璧な準備を行い、家族をクルマに乗せて旅に出かけ、自身の企画した旅行計画をトレースして、家族全員が笑顔で喜んでくれることが何よりうれしいと語ります。

「帰宅後」には、北川さん自身のホームページで、旅の体験から自身が感じた旅先の魅力を紹介。また「安くて気軽な公共の宿」や「日本全国泊まっていい宿」も紹介して、「旅行企画」の楽しさも伝えています。ホームページは月間7万ページビューあり、アフィリエイト広告収入も得ているそうです。

海外旅行も多く経験していますが、北川さんは「近隣の身近な場所でも魅力的な旅は十分に可能」と言います。「GOTOトラベル」キャンペーンは物議をかもし、なかなか自由に旅行を楽しめない状況ですが、このような時こそ密を避けた身近な場所へのドライブ旅行を計画し、一般的な旅行ではなかなか味わえない旅の魅力を見つけることも、好奇心を満たす行動だと思います。

実は北川さんは、日本テレビの『第2回アメリカ横断ウルトラクイズ』優勝者で、1970年代から80年代の視聴者参加型クイズ番組で優勝を総なめしたクイズ王。その頃の好奇心と行動力は今も変わりません。

若い頃から好奇心旺盛、
クイズ王で旅の企画が大好きな北川さん。

## ディスコ・クイーンが行う「オンラインエクササイズ」（Ayanoさん）

ＡＢＳ世代という区分は、私が39歳の時から再び通っているディスコを定点観測して、次世代シニアのインサイト（潜在的な欲求）に気づいたことがきっかけです。

２０２０年に実施したアンケート（44ページ参照）では、20歳くらいの頃にディスコに行っていた人は男女合計で約40％、女性は約50％に上りました。そのくらい大衆化されていたディスコですが、一口にディスコといっても時期によって音楽やダンスはさまざまです。

私が通っていた１９８０年頃は各人がフリーで踊るスタイルが主流でしたが、70年代は音楽に合わせてさまざまなステップダンスが流行りました。

私の友人のＡｙａｎｏさんはディスコ歴45年以上で、70年代ステップダンスをよく知る女性です。ディスコイベントのオーガナイザーやＤＪをしていますが、彼女が最近精力的に実施しているのが、ステップダンスで踊る「ＤＯＨＡＳ」です。「Dancestyles Of Health And Sustainability（健康で持続可能なダンススタイル）」の頭文字を取った造語で、当時の音楽に乗って30分間ノンストップでカッコいいステップで踊ります。「仲間と楽しく続けられる」新しいダンスエクササイズです。

現在のスポーツクラブにはヒップホップやユーロビートで踊るプログラムがあるようですが、ＤＯＨＡＢＳ世代には青春時代の記憶が甦る音楽がモチベーションを上げてくれそうです。ＤＯＨＡＳで踊る音楽はジェームス・ブラウンやダイアナ・ロス、アレサ・フランクリンなど当時流行した楽曲です。若い頃の音楽を聴くだけでハッピーホルモンであるドーパミンが分泌し、老化の進行を遅らせることはこれまでも紹介してきました。ＤＯＨＡＳには心身両面の健康効果があると思います。

さらに、ＤＯＨＡＳが持続可能な要因として、定期的に「お披露目」する機会を設けていることがあります。私も以前に拝見しましたが、ディスコイベントの一部にショーケースの時間を設け、チームＤＯＨＡＳのメンバーが白い衣装を着て登場。カッコよくステップダンスを披露すると会場は拍手喝采。見る側も、楽しくファンキーな時間と空間を楽しみました。

実は私も、このＤＯＨＡＳに参加する予定でしたが、新型コロナウイルスの影響で中止になりました。しかしＡｙａｎｏさんは今、ミーティングアプリ「Ｚｏｏｍ」を使い、オンラインＤＯＨＡＳを行っています。こうした取り組みができるのも、スマホを扱えるＡＢＳ世代ならではです。

ディスコをイメージし、男女のチームで楽しくステップを踊る、新しいダンスエクササイズ。ストイックなエクササイズはなかなか続けられませんが、好きな音楽を聴きながらだと自然と無理なくエクササイズができ、同じニーズを持つ人たちのコミュニティにも参加できて一挙両得。楽しみが広がりそうです。

ＤＯＨＡＳは仲間同士で楽しく続けられるダンスエクササイズ。
（右下がＡｙａｎｏさん）

## コロナで自粛中でも「ディスコと笑顔の伝道師」は活躍（DJ OSSHYさん）

新型コロナウイルスの感染拡大で、さまざまなイベントが自粛となりました。私が大好きなディスコのイベントも軒並み中止となりました。

私がABS世代を提唱したのは、ディスコを訪れる同世代の人たちが拡大していることに気づいたのがきっかけですが、そのディスコ復活の立役者は、DJ OSSHYこと押阪雅彦さんです。

DJ OSSHYと私が知り合ったのは私が40代のはじめ。東京・青山に復活したディスコ「キサナドゥ」でした。笑顔が素敵で気さくな人でしたが、お父様がフリーアナウンサーの押阪忍さんとお聞きし、温厚な印象はお父様譲りだと感じました。

DJ OSSHYは16歳でDJデビューしたそうですが、厳格なお父様には「ディスコは不良のたまり場」という印象が強く、実は最近まで好意的には思っていなかったそうです。

しかしDJ OSSHYはディスコを「ブームから文化にしたい」という一心で活動し、今ではディスコイベントだけでなくテレビやラジオでもレギュラー番組を持っています。ご本人にお話を伺いましたが、「3つの戦略」でディスコカルチャー普及を図っているとのことでした。

まずは間口を広めるための、誰でも気軽に楽しめるディスコイベントの開催。中でもユニークなのは「ファミリーディスコ」です。ディスコ世代の親と子の2世代で踊る、おじいちゃん、おばあちゃんも交えて3世代で踊る。休日の昼間から行うイベントで、ディスコのハードルをグンと下げています。

次に、ディスコフリーク向けに「ラグジュアリーな世界観」を演出するイベント。一流ホテルやクルーズ船内で、あるいは東京スカイツリーで夜景を見ながらのイベントなど、非日常な雰囲気の大人の社交場を提供しています。

そして3つ目が「シルバーディスコ」です。高齢者施設を訪問して音楽を流し、車椅子の人でも上半身だけで踊るという画期的な企画。大勢で楽しみながら健康増進を図るこの企画は大好評だそうです。

今はパソコン一つあれば音源につなぐことが可能で、あらゆる場所であらゆる人たちに楽しんで頂ける「どこでもディスコ」が実現します。それが活動の範囲をますます広げているようです。

こうしたDJ　OSSHYの活動もあり、2018年には1978年の映画『サタデー・ナイト・フィーバー』の日本公開日である7月22日が「ディスコの日」として日本記念日協会から認定を受けました。今では、お父様の押阪忍さんもディスコを推奨されているそうです。

コロナ禍のイベント自粛中は、YouTubeチャンネル「DJ OSSHY LIVE MIX」を随時更新。外出自粛の人たちの心を踊らせています。彼が再びイベントで「レッツ・ダンス、レッツ・グルーヴ」と明るい声を聞かせてくれる日を私も待ち望んでいます。

笑顔が素敵なDJ OSSHYは、
あらゆる仕掛けで私たちを楽しませてくれます。

## 「仕事・娯楽・貯金」のバランスで攻めの人生提唱（川口幸子さん）

突然起きた新型コロナウイルス感染拡大の影響で、私は人生「いつ、どんな」リスクがあるか、本当に分からないと痛感しています。高齢者の3大不安は「健康・お金・孤立」ですが、今回のコロナ禍では一足先に、こうした実感を抱いたABS世代の人も多いのではないでしょうか。

私の友人でファイナンシャルプランナーの川口幸子さんは、人生100年時代を前向きに楽しむ、お金を軸としたライフスタイルのセミナーやアドバイス、執筆活動で人気を得ています。

川口さんは3歳から9歳まで海外と日本を行き来する生活で、「欧米式お金の教育」を受けました。欧米では子供が親からお金をもらう時、何らかの目標設定を行って交渉し、お金は自分の努力の対価であることを知るのです。また貯金とお小遣いを分けて考えることを学ぶそうです。こうしてアメリカでは13歳までにお金の基本を学習し、その結果、「お金の専門家」に資産形成してもらった人は中間所得層世帯でも60歳までに平均1億円貯めるそうです。

社会人になった川口さんは、日本になぜ「お金の専門家」がいないのか不思議に感じて銀行に就職しました。ところが支店長は3年で変わり、保険営業員や不動産営業マンもすぐ変わり、窓口ではノルマで金融商品を売る。「こんな売り手の勝手な都合で買わされていては顧客の資産は増えない！」と一念発起、１９９５年に資格を取得したベテランのファイナンシャルプランナーです。

また宅地建物取引士、国際認定コーチ、相続診断士、１００年ライフアドバイザーの資格も持ち、それらを組み合わせた独自メソッドで、計画的資産形成だけでなく、年齢を重ねても社会に参画して、人生をワクワク楽しみながらお金を貯める方法を分かりやすく伝えています。

川口さんも私と同じ、南カリフォルニア大学ジェロントロジー修了生で、人生の生きがいや幸せの本質を学んでいます。ＡＢＳ世代でもあり、１９８０年代の女子大生の時にはディスコイベントや、ねるとんパーティー、学生コンパニオン派遣など、面白いことの仕掛け人として活躍していました。こうした経験がお金を楽しく考えるアドバイスにも大きく生かされています。

川口さんは、さまざまな世代の相談を受ける中で、ＡＢＳ世代は「根拠のない自信がある」のが特徴だと言います。高度経済成長期からバブル期にかけて生きた背景から、「前向きに頑張れば何とかなる！」というポジティブシンキングな人が他世代より多く、それは経済の活性化に大きな役割を果たしているとのことです。

誰にでも老化は起きます。また今回のコロナのように突然何かリスクが起きることも否めません。とはいえ、不安を抱えて単にお金を貯める「守りの人生」はつまらない。「仕事をする（社会に参画して人を笑顔にする）、使う（自分の楽しみを謳歌する）、貯める（いざという時に備える）」のゴールデンサイクルを実現し、「攻めの人生」でワクワクした毎日を過ごし、健康寿命を延ばすことが大きなテーマ、と川口さんは言います。私と専門領域は違いますが目指す方向は同じ。ＡＢＳ世代の人は本当に人生を楽しむ人が多いのです。

「大切な人（お客様）の笑顔を見ることが私の幸せ」という川口さん。

## 「自分軸」を持ち年齢を忘れている着物ジャーナリスト（中谷比佐子さん）

何歳になっても好奇心を持ち続けることは難しいかもしれません。しかし、それを実行して第一線で活躍されている方がいらっしゃいます。

私が所属する（一社）日本元気シニア総研の顧問、中谷比佐子さん（チャコちゃん先生）もその一人です。中谷さんはＡＢＳ世代が影響を受けた雑誌『ＪＪ』のルーツである『女性自身』の記者を経て「秋櫻舎（コスモスシャ）」を設立。特に着物とその背景にある日本文化への造詣が深く、83歳の現在も「着物を切り口とした着物ジャーナリスト・日本文化作家」として活躍されています。

以前、私が興味深いと感じたお話は以下です。古来、日本には「あなうれし、あなおかし、あなたのし」という言葉があり、「うれしい、おかしい（興味深い）、楽しい」ことに日本人は強く惹かれる。つまり、楽しい波動を自らが出して行動していると、周囲にどんどん人が集まり、そこで何かが生まれるというのです。

このお話を通じて中谷さんから提案されたのは、戦後に輝いて成長していた時代を楽しく面白く生きてきたＡＢＳ世代の人たちは、その時代背景やマインドを後世に伝えると同時に、「日本の素晴らしさ」を改めて学んで日本人であることを誇りに思い、人としての深みを醸成してほしいということでした。

その上で、これからの人を、日本を、世界を具体的にどう良くしていくか知恵を出し、（自我を超越した）真我の声で考えて行動してほしい。そして、自分の一生は自分で演出する。自分の魂は自分で磨く。そこに「愛と感謝」があれば人生の願いはかなう、と中谷さんはおっしゃっていました。

こうした勇気と行動の第一歩として、「自分を好きになること」はとても大切なこと。例えば、自分自身の好きなところを具体的に書き出すことはとても良いことだそうです。

中谷さんは現在、「キラキラが輝く究極の8つの奥義」と題して、これからの日本人の生き方をセミナーや執筆、YouTubeで提唱されています。その最初では、80歳以上の高齢者に対するアンケートで、実に70％以上の人が「チャレンジしなかったことに後悔している」ことを取り上げています。

中谷さん自身は、たとえ明日死ぬことになったとしても、常に好奇心を持ちチャレンジを続けたから、後悔はないとおっしゃっています。彼女のカッコよさは、「明確な自分軸」を持っていることと、「年齢を忘れている」こと。この2つはセカンドライフを充実させるために特に必要な要素だと私は思います。中谷さんにお会いすると、私はいつも励まされ、元気を頂いているのです。

着物姿がいつもカッコいいチャコちゃん先生。ディスコでは素敵なグルーヴ感で踊ります。昭和43年オープンの赤坂MUGEN（日本で初めてのディスコ）にも何度か行かれたそうです。さすが！

## 「好かれるオジサン」でいることは何かと徳を積む（福永邦昭さん）

（一社）日本元気シニア総研では、60代の男女に座談会調査を行いました。結論を端的に言えば、「未来を見ている女性と、過去に縛られている男性」という傾向が見られました。

子育てが終わった女性は、自分のやりたいことで生き生きしており、人生の満足点数は70〜80点。それに対して定年を過ぎてまもない男性はやりたいことが見つからず、満足点数は20〜

30点。大きな開きがあります。

特に男性は、過去の経験による「固定観念・プライド・照れ」が邪魔をして、新しい世界になかなかチャレンジできない様子が伺えました。

一方で、私の周囲には、年上の「好かれるオジサン」がいらっしゃいます。日本元気シニア総研の執行役、福永邦昭さん（80）です。福永さんは東映の元名物宣伝部長でした。数々のヒット作の企画からプロモーションだけでなく、親しい俳優さんのアドバイスも行っていたそうです。

例えば人気シリーズだった『トラック野郎』は福永さんの企画。当時ＴＢＳラジオの深夜番組『パックインミュージック』でＤＪをしていた愛川欽也さんから、番組に寄せられたリスナーの手紙や電話のやりとりの内容を聞いて相談を受け、イルミネーション輝くデコラティブなトラックの写真を週刊誌のグラビアで見つけて、「これは面白い！」とひらめき、すぐに企画を立案。菅原文太さん・愛川さんコンビの作品は大人気となり、シリーズ化されました。

また「読んでから見るか、見てから読むか」のキャッチコピーで話題となり、薬師丸ひろ子、原田知世など、ＡＢＳ世代には特に人気だった、角川映画のプロモーションにも携わっていました。

福永さんは、傘寿を迎えた今でも「生涯現場」を貫いています。面白いと感じたことはすぐに企画立案し、日本元気シニア総研でもご活躍です。そのかたわら、南カリフォルニア大学のジェロントロジーを修了。その好奇心と行動力はとどまるところを知りません。

私は「心豊かでカッコいい大人の五か条」とは、「自分軸がある（人と比べない）・好奇心がある・年齢を忘れている・謙虚さと感謝がある・笑顔でお茶目」だと考えています。福永さんは「いつもニコニコ」していて、誰にでも「フレンドリーに接して」います。それが年齢に関係なく男女から人気の理由だと思います。

徳を積むというのは、誰かに良い行いをするという行動に限ったことではありません。好かれるオジサンでいることそのものが、周囲の人を巻き込んで笑顔にします。「固定観念・プライド・照れ」を外すことで、新しく見えてくる景色もあるように私は思います。

人生は60歳からが楽しそう！
福永さんのような好かれるオジサンになりたい。

## オシャレをして「生涯男性」の意識を持つ（青柳光則さん）

前回のコラムは「好かれるオジサン」がテーマでしたが、好かれるためには、やはり外見の印象が大切です。

ＡＢＳ世代は若い頃、雑誌やお手本となる先輩、友人の影響を受け、流行りのファッションに身を包んで遊びに出かけた人が多いと思います。そこで今回は、私と同じ１９６０年生まれのファッション・ディレクター、青柳光則さんに、ＡＢＳ世代のメンズファッションに関する話を聞きました。

青柳さんは日本最古のメンズファッション誌『男子専科』編集部を経て20代の頃に独立。スタイリスト、ファッションエディターとして、ファッション誌や広告、アーティストの衣装制作・スタイリングなど、マルチに活躍しています。

青柳さんも私と同様、ディスコカルチャーの影響を大きく受けた人です。高校生の頃、ドレスコードがあるディスコに出かけるため、丸井の赤いカードでスーツを新調し、目いっぱいオシャレをして出かけたそうです。そのモチベーションは「好奇心」。素敵な男女がワクワクしながら過ごすディスコの空間にいることで、青柳さんは同じ感性を共有したと言います。そしてファッションの道に進み、天職となりました。

青柳さんは、「ＡＢＳ世代の男性にはぜひ鮮やかな色味にチャレンジしてほしい」と語ります。顔のしわや白髪といった男の渋さと鮮やかな色味は相性が良く、若い人には真似できない熟年ならではの粋な印象をかもし出すからです。

服選びのポイントは、テーラーメイドでジャストフィットな天然素材を着こなすこと。金額やブランドにこだわる必要はありません。私もそうですが、ＡＢＳ世代はトラディショナルの影響を強く受けています。例えば休日にはジャケットとパンツ、冬はタートルネックのセーター、夏は白いシャツを合わせ、ストールやポケットチーフなどを添えるとオシャレ度は上がります。今はオーダー品も廉価で、気軽にオシャレを楽しむことができます。

青柳さんは、以前雑誌で好評だった、読者参加型企画「青柳光則のお洒落道場」をオンラインで復活させました。会員登録した人が「お題」に合わせたコーディネート写真を投稿して青柳師範が判定。優秀者には段位を進呈する企画です。

またメンバー同士のオフ会やイベント・パーティーも企画し、ファッション業界を盛り上げると同時に、若い頃に出かけたディスコのように「好奇心をかきたてる」時間や空間を提供するとのことです。

青柳さんは「カッコいい男」とは、品格があってレディファーストな男性だと言います。「遊び心とゆとり」のある男性が増えれば、男の誇りも復活します。世の中に凛とした空気感が醸成されます。そして、真の大人のライフスタイルと市場が創出されるでしょう。

年齢を重ねてもオシャレをして、生涯「一人の男性」としての意識を持ち続けることで、高いＱＯＬ（クオリティ・オブ・ライフ）が得られると思います。

「お洒落道場」は好奇心あふれる大人たちのコミュニティ。
（上段中央が青柳さん）

## 60代になって「念願のチアダンス」に挑戦（庄野真代さん）

ＡＢＳ世代の青春時代である１９７０年代後半から80年代当時、邦楽は「ニューミュージック」が人気でした。そこで今回は、当時のニューミュージックの中心にいた歌手で、私と同じく南カリフォルニア大学のジェロントロジー修了生仲間でもある庄野真代さんにお話を伺いました。

ニューミュージックは歌謡曲やフォークソングでも、ロックでもない、まさに新しい音楽で、ユーミン（松任谷由実）から広がりました。アーティストの多くはシンガーソングライターで、曲調にはどこか洋楽テイストが漂っていました。

真代さんもシンガーソングライターとして76年にデビュー。彼女の名前を一躍広めた楽曲が78年リリースの『飛んでイスタンブール』です。作曲は筒美京平さん。筒美さんは「時代の空気感」を読み解く達人でした。

当時は女性の社会進出の黎明期。「飛んで…」は、元気に羽ばたく「飛んでる女性」から発想したそうです。実際に海外旅行も普及し始めており、成田空港が78年に開港。こうした時代背景から、イスタンブールなどの憧れの海外都市や空港をテーマにした邦楽が当時はたくさんありました。

また、ディスコカルチャーが拡大した78年ヒットの『マスカレード』は、ラテンのディスコサウンドをイメージさせます。筒美さんの楽曲は常に時代性を反映していました。まさに「歌は世につれ、世は歌につれ」でした。

当時18歳で高校3年生の私は翌年の上京を控え、ニューミュージックの歌詞や音に都会のオシャレなライフスタイルを夢見ました。同じような印象を抱いて、雑誌をバイブルに背伸びをして「オシャレ」に憧れたＡＢＳ世代は多いと思います。

真代さんは12月23日が誕生日で、66歳になりましたが、何と現在は平均年齢59歳のチアダンスチーム「東京ドリームエンジェルズ」の「部長」です。

実は真代さん、チアは思春期からの憧れで、60代を迎えた頃に、滝野文恵著『85歳のチアリーダー』（扶桑社）という1冊の本に感化され、同じ夢を持つ仲間と日本シニアチア協会を訪れました。

コーチは偶然にも本の著者、滝野さんにレッスンをした人だったそうです。「思いついたら行動する」を実行した結果、夢は具体的目標に変わり、不思議な縁が広がっていきました。

「60代は人生半ば」と感じている真代さんは、「今の社会制度やビジネスはこれからの健康長寿社会にそぐわない」と言います。私も同感です。まずはより多くの人が意識を変え、年齢であきらめず、チャレンジする気持ちを持ってほしいと思います。

年齢を重ねても「若く、心豊かで、生き方がカッコいい」人は、自分軸を大切にし、好奇心旺盛で、いつでも誰にでも微笑んでいます。

歌手活動以外にチアチーム部長。その他社会福祉活動にも
精力的な庄野真代さん。（前列左から3人目）

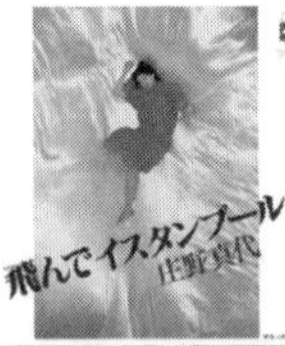

# 第4章

# ＡＢＳ世代が「心豊かでカッコいい大人」の時代を創る

## コロナは人生100年時代に向けた「強制OS再インストール」

新型コロナウイルスは社会にさまざまな影響を与えましたが、これを機にテレワークの本格導入など前向きな変化も多いと感じています。「人生100年時代」に関しても、かけ声だけではなく、皆が具体的に考えて実行する時が来たと私は思います。

2020年に実施したアンケート（44ページ参照）で、回答者は今後も前向きに人生を送りたい「ワクワク人生肯定派」と「否定派」に分かれました。特に男性よりも女性の方が現実を見据え、自分自身を大切にして、今とこれからを前向きに生きたいと考える人が多い結果となりました。

会社の役職が終わる、子育てが終わる、といった人生の大きな節目で、「若い頃の体験を再び求める人、新たな楽しみを見つけた人、新たな夢をかなえたい人」が多くいたのも特徴です。例えば「スキー・テニス・ディスコ」といった1980年代のカルチャーに再びチャレンジしたい人は17％いました。そこには、昔を懐かしむのではなく、再び楽しみたいというワクワクした欲求が見られます。さらに62％の人は、「新たな楽しみ」を見つけ自分らしい人生を送っていると回答しました。

「若い時にかなえられなかった夢や目標がある」という回答も59％ありました。ABS世代の半数以上の人が、人生で何かしらの「やり残したコト」があったのです。具体的には、「海外にロングステイしたい、バンドを組みたい、資格を取り人に教えたい、フリーで仕事がしたい、ポルシェが欲しい、恋愛がしたい、結婚がしたい」などの回答です。

今回のコロナ禍で、おそらく多くの方は自分を見つめ直す時間を得たと思います。そんな中で浮かんだ「やり残したコト」は、今後の自分の意思と行動で実現可能な前向きな思いです。特にＡＢＳ世代は、「自分が大切、自分らしく」と考える人が多いのです。

気になるのは、「自分の幸せな時間」として男性の回答が一番多かった「自分一人の趣味」について、年齢が上がるにつれてスコアが下がっていたことです。一人で楽しむ趣味は、リタイアすると難しくなるようです。

しかし趣味は「人に披露する、教える、認めてもらう」ことで生きがいに変わります。特に今回のコロナ禍で、オンラインで自身の経験を披露する環境は格段に整いました。

「ワクワク人生否定派」の人も、人生の目標や具体的手段が分かれれば肯定派に変わるはずです。今回のコロナ禍は、人間だけではなかなか前に進まないさまざまな課題を解決するため、そして社会や個々の人生のあり方を考え直すため、世の中の基本（ＯＳ）を強制的に「再インストール」させるための出来事のような気がしています。

ＡＢＳ世代のみならず、すべての人間が「自分の強みや自分が人に与えることができる価値」を認識し、人を笑顔にして自分も笑顔になる生き方を考えて実行する時代が、アフターコロナでは確実に訪れると思います。

世の中のOSが再インストールされたアフターコロナは、
一人一人の夢をかなえる時代。

## 自分らしく生きることが可能なチャンス到来

新型コロナウイルスの影響により、これまでなかなか浸透していなかったテレワークが新しい生活様式として定着してきました。東京都が２０２０年6月に、都内の従業員30人以上の企業を対象に実施した「テレワーク導入実態調査」によると、導入率は57・８％で、昨年度の25・１％に比べ2・3倍に大きく上昇。大企業だけでなく、中小企業でも導入が加速しており、今後も「継続意向」の前向きに捉えている企業は全体の約80％にのぼりました。

また、連合（日本労働組合総連合会）が20年6月に全国の18歳から65歳の会社員や公務員らを対象にした調査では、テレワークの継続を「希望する」が81・８％で、こちらも前向きな結果でした。

私も最近は、自宅がある神奈川県から都内に出かけるのは平均で週に2回程度。都内の事務所に出向くことも少なくなりました。仕事内容は「ミーティング、資料作成、セミナーや研修講師、執筆」ですから、ほとんどリモートで済んでしまいます。

今も、ある企画立案で東京・熱海・ニューヨークをつないで会議をしていますが、お互いのキャラクターが分かっているので、オンラインでも十分にひざを突き合わせた話合いが可能です。

これほど働き方が変わると、「物価の高い東京に住む必要はない」とつくづく思います。経済アナリストの森永卓郎さんは埼玉県所沢市郊外に住み、「トカイナカ（都会生活の利便性と田舎暮らしの楽しみを両立できるエリアの造語）」暮らしを推奨しています。

こうした生活から受ける大きな恩恵は、「自分らしい自由な生き方」です。自由とは、他からの「強制・拘束・支配」などを受けず、自らの「意思や性質」に従うことを意味します。

私がフリーランスになって強く感じたことは、何から何まで自分の意思で物事を進めていかないと生きていけないということです。会社員なら、決まった生活パターンで毎日出社すれば仕事があり、給与がもらえました。しかしテレワークは、自分で目標とスケジュールを立てなければいけません。しかし、それさえ守れば基本的にいつ、どこで仕事をしてもいいのです。

今後は会社員も雇用形態が大きく変化します。副業解禁などが加速し、働き方は大きく変わるでしょう。この流れは「自分らしく生きる」チャンスの到来とも言えます。自分の強みに磨きをかけさえすれば、年齢を重ねても仕事が続けられるからです。

元気で前向きに働く60代以上の人たちが増えれば、労働力確保やお金の不安解消に加え、大人のカルチャーやさまざまなビジネスが広がります。この世代が、若い世代と一緒にプロジェクトに加わることで、真の大人のニーズを捉えたモノ・コトが誕生し、イノベーションを起こす可能性があるからです。

各人の「意思や性質」が生かされ、「共存繁栄」を図れる社会なら、年齢を重ねても健康で生きがいある暮らし方ができるはずです。そのためには、固定観念をぬぐいさり、年齢を忘れることが大きなポイント。いつまでも心身健康で社会に役立つことができる、そんな「健康長寿社会」が到来したのです。

## 老若男女は「平等」ではなく「同権」と捉える

「幸福学」の第一人者で、慶應義塾大学大学院システムデザイン・マネジメント研究科の前野隆司教授は、「視野の広い人は幸せで、視野の狭い人は不幸せ」とする研究結果があると紹介しています。

コロナ禍でも、視野が広い人は物事を大局的に捉え適切に手を打つことができましたが、視野が狭い人は問題を局所的にしか捉えられず、必要以上に不安に陥ったり、短絡的な怒りをぶちまけたりする行動が見られました。私は、これには人間の固定観念が大きく影響していると思います。以前にご紹介したジェロントロジーでも、「高齢者は先細る」という固定観念を持った若い世代ほど老化が早いと伝えています。

世界保健機関（WHO）は65歳以上を高齢者と定義していますが、老化の進行は個人差が大きく、年齢だけで一概に高齢者とはくくれません。しかし、現実の社会やビジネスは「60歳以上」を「アクティブシニア」というあいまいな表現で定義しています。職場でも役職定年などの〝年齢格差〟が生じています。

私は１９８０年代バブルを体験した世代を「ABS世代」と定義し、従来のシニア層とは異なる思考や嗜好について紹介しています。その代表的な例が仕事や子育てに一段落して再びディスコに通い始めた50代から60歳前後の人たちです。しかし、依然として「ディスコに行くシニアは特別だ」とよく言われます。

ビジネスの世界では、新たなモノやコト、ライフスタイルはイノベーター（革新者）の支持から始まり、その普及率が全体の16％を超えると一気に広がる「イノベーター理論」というものがあります。そのため、企業は若いイノベーターたちの動きに敏感です。ところが60歳のイノベーターたちが新しい動きをしても、それは「特別な人」として無視されてしまうのです。これも高齢者に対する固定観念からきていると思います。

すでに日本の人口は50歳を境に半々です。今後さらに高齢化が進む中、これまでの固定観念で商品・サービス開発をしていたら、経済は回らず、社会保障制度も破綻し、高齢者だけでなく若い世代に大きなしわ寄せがいくでしょう。

私は「元気だから働く」のではなく、「働くから元気」なのだと思います。働き続けることで社会と接点を持ち続け、それが生きがいにつながるのだと思います。

また、老若男女は「平等」ではなく「同権」だと考えるべきです。平等という言葉を使うから、同じ土俵で勝ち負けを競おうとするのです。男性と女性、若者と高齢者には、それぞれ向き不向きがあります。それをお互いに理解し、みんな同権なのだという意識で、これからの社会を構築していくべきでしょう。

コロナ禍と人生100年時代の共通点は、今まで誰も経験したことがないということです。未知のものへの対応策は、現実を肯定的に捉え、固定観念を外し、できることを考えて少しずつ前進するしかありません。それが人生100年時代の新しい生き方、新しいビジネスのやり方だと私は思います。

## コロナ禍だからこそ向きあえた幸せの本質

コロナ禍で私たちの生活は大きく変わり、生きる意味や仕事、家族などに改めて向きあう機会となりました。

「幸せになりたい」という欲求はみんなにありますが、前出の前野隆司教授は、「長続きしない幸せと、長続きする幸せ」があると言います。

長続きしないのは、「金、モノ、地位」など、他人と比較できる「地位財」による幸せです。一方、「健康であり、環境に恵まれている」など、心の要因から得られる「非地位財」による幸せは、長続きするそうです。

前野さんは因子分析によって、心の要因による幸せを「自己実現と成長」「つながりと感謝」

「前向きと楽観」「独立とマイペース」という4つに分類しました。今回は私の経験を当てはめて考えてみたいと思います。

1つ目の「自己実現と成長」は、夢や目標、やりがいを持ち、それらを実現しようと成長していくことです。私はもともとテレビが好きで中小の広告代理店に入りましたが、営業マン時代の目標といえば、漠然と大手の広告代理店に転職して給料を上げたいという程度でした。

そんな私の仕事や人生に影響を与えたのは、ある先輩からの学びでした。自分で企画書を作成し、それを得意先に提案して形にする楽しさを20代の後半に覚え、企画力や人脈を磨き、37歳でフリーランスになりました。

変化の激しい仕事柄、48歳から55歳の頃は自身の「賞味期限」を感じ、暗中模索の日々でした。しかし、時代が変わっても人間のコミュニケーションの本質は変わらないと確信。同時に、趣味のディスコ通いを機にＡＢＳ世代の存在に気づき、60歳以降の自分の具体的な目標を見つけました。それは「世の中を俯瞰して見たこと」、そして「年齢で諦めなかったこと」からだと思います。

2つ目の「つながりと感謝」は人を喜ばせること、愛情に満ちた関係、親切な行為です。長年フリーで仕事ができたのは、さまざまな人とのご縁があったからこそです。年齢や経験が増したら仕事を選んだ方がいい、という考えもありますが、私は「自分にできる仕事」は何でも受けてきました。その結果、人脈が広がり、「人生の経験値」が増えたと感じています。

私はまもなく60歳ですが、「もう年だから……」といった分別くさい人間にはなりたくないと思っています。分別はもちろん大切ですが、あまり強いと固定観念に閉ざされ、チャレンジできません。私は生涯、私と一緒にいる人に「面白い」と思ってもらいたいし笑ってもらいたい。それが自分らしさと感じています。

私は昨年、ジェロントロジーを学び、「人を笑顔にさせると、ハッピーホルモンで自分も幸せになる」ことを知りました。それが今、とても腑に落ちるのです。

「鈴木と仕事をすると、何となく楽しい」と相手に感じてもらいたい気持ちは、昔も今も変わっていません。それが自身の幸せへとつながっている、と改めて思いました。

次回は、3つ目の「前向きと楽観」、4つ目の「独立とマイペース」因子について述べます。

幸せの4つの因子に人生を当てはめると、
新たな気づきがあります。

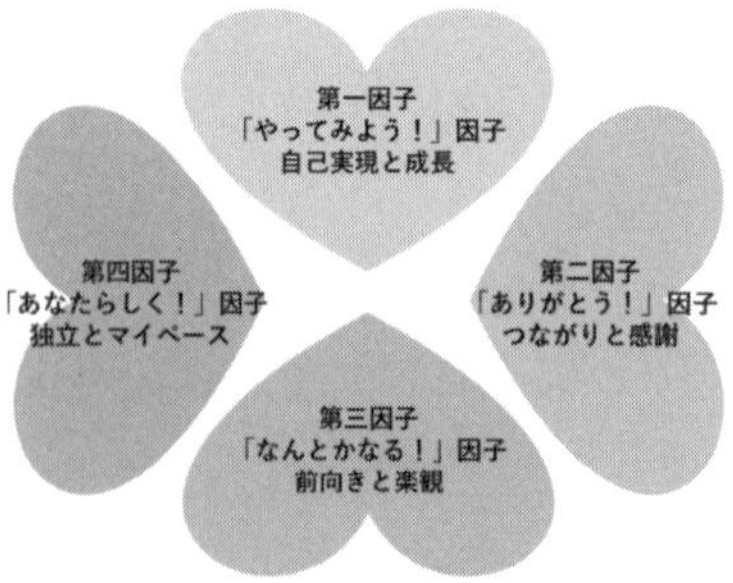

## やはり「笑う門には福来たる」

前出の前野隆司教授による「幸福の4つの因子」から、前回は「自己実現と成長」「つながりと感謝」を、私の経験を例に紹介しました。今回は後半の2つについて振り返ってみます。

3つ目の「前向きと楽観」は、自己肯定感が高く、いつも楽しく笑顔でいられることです。私はAB型のせいか性格に二面性があり、人前では明るく笑顔で振る舞う一方、とても心配性です。

フリーランスへの転向も、「実際にやれるのか？ お金や家族は？」など大きな葛藤があり、なかなか決断できませんでした。しかし37歳の時、まさかのがん宣告を受け、人生観は大きく変わったのです。

幸い、初期のがんでしたが、「人間はいつ死ぬか分からない」「もしかすると転移していて5年後はこの世にいないかも」と考えて腹をくくりました。仕事がなくなっても「命までは持っていかれないだろう」と思い、怖いことがなくなったのです。

フリーになってから10年目の2008年にリーマン・ショックが起き、40代から50代の頃は厳しい局面が何度もありましたが、人とのご縁で救われてきました。

もちろん、今でも不安がよぎることはありますが、「まあ、いっか」とも思えるようになりました。私はまもなく60歳。人生の第4コーナーを回り、最終の直線が見えています。残りの距離が長いか短いかも分からない今は、健康でいられるだけでラッキーと思えるのです。

4つ目の「独立とマイペース」は、他人と比較せず自分らしくやっていけることです。そもそも私は37歳でフリーランスになったのですから、かなりのマイペースです。子供が巣立つまでは大黒柱としての責任を感じていましたが、今では子供も社会人になり、気負う必要はなくなりました。

最近は物欲も低くなり、オシャレが好きな私は40代の頃にオーダーしたスーツを体型が変わらないよう努力しながら大切に着ています。今の関心は、これまでまったくやらなかった「料理」、そして「運動」です。若い頃から憧れていた「自立した夫婦像」は、互いに頼らなくてもいい生活。独立とマイペースで生きていくことができれば最高です。

前野さんの、心の要因による幸せ「4つの因子」に沿って自身の人生を棚卸ししてみると、案外満たされていることに気が付き、お金をかけなくても、身近なちょっとしたことで幸せな気持ちになれることが、今回よく分かりました。

僭越ながら私自身の経験から言うと、4つの因子に共通しているのは「笑顔」だと思います。私より年上で人生を楽しんでいる人たちは、皆さん誰にでも気さくでニコニコしています。大変な時でも、笑顔だけは忘れない。やはり「笑う門には福来たる」ですね。

## 「楽しい・面白い」と感じるモノやサービスが欲しい

日本選手団が史上最多のメダルを獲得し、いまだ興奮冷めやらない東京五輪ですが、私は今回から新種目として加わったサーフィンやスケートボードにチャレンジするアスリートの姿に、本来の人間のあるべき姿を見る思いがしました。それは「楽しんで競技にチャレンジしてい

人とコミュニケーションを交わして笑顔になることは幸せの基本。

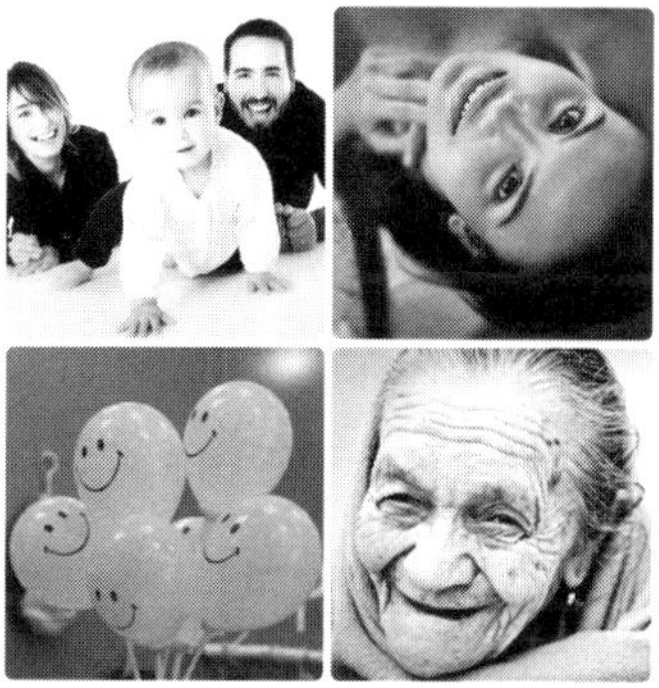

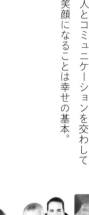

た」点です。

特にスケートボード女子パークの金メダリスト四十住さくら選手（19）と、銀メダリスト開心那選手（12）は、遊びの延長ではないかと感じるほど自然体で、その笑顔は天真爛漫《らんまん》でした。人間自らが「楽しむ」ことでモチベーションを自然に発生させると、ハッピーホルモンの一つ「ドーパミン」が分泌され、さらなるポテンシャルが発揮されます。

当欄の関連企画として、Club houseトークライブで「ジョブズに学ぶイノベイティブマインド」について語り合いました。実は私は50代の半ばまで、ビジネスカレッジや企業研修で講師を務めた際、「スティーブ・ジョブズは発想の天才だ。だから私を含め多くの凡才は、一生懸命マーケティングを学んで秀才を目指そう」と提言していました。しかし、今回の話し合いを受けて、その考えを全面的に改めました。

ジョブズは発想の天才ではなく、「それを実行した」ことがすごいのです。今や多くの人に普及したスマートフォン。その元祖であるｉＰｈｏｎｅは、「こんなモノがあればワクワクする」というアイデアから生まれました。その発想自体はもちろん素晴らしいのですが、ジョブズのすごいところは開発したアップル社のスタッフのマインドを高め、一丸となって発売まで突き進んだ「実行力」にあります。

私は、誰でも発想は可能だと思っています。例えば私が子供の頃、まだおもちゃが潤沢にない時代は、公園で子供たちが集まり、自然発生的に「〇〇ごっこ遊び」をやっていました。楽しみながらアイデアを出し合うという点では、子供たちもジョブズと同じだと思うのです。

バブル崩壊後、日本のビジネスにおけるダイナミズムは、どんどん失われていると感じます。その最大の理由は、仕事に「楽しさ・面白さ」がないからだと思います。

やはり人間は「楽しい・面白い」と感じるモノやコトがやりたい。そして、そこから生まれた発想やモノ・サービスが同じ人間に支持されるのだと思います。

冒頭のスケートボード競技も、努力と根性で苦しい汗を流して成果を出すという、これまでの「固定観念」とは真逆。自分が楽しいと思っているから練習は苦ではなく、楽しい気持ちのまま競技で良い結果を残し、見る人をも感動させる。アスリートも見る側も、ワクワクするハッピーホルモンが湧き出るのです。

日本のビジネスパーソンも、これからはもっと感性を生かし、「こんなモノやサービスがあればワクワクする」と感じるアイデアを出し合いましょう。上司や経営陣も「責任は俺が取るから思い切ってチャレンジしてみろ」と鼓舞してほしいものです。

これこそが、バブル期の財産だった「クリエイティビティ」そのものです。令和の時代にそれを復活させるには、ジョブズのような「真のリーダーシップ」が不可欠だと思います。

## 人類未体験の人生100年時代に必要な「バブルの発想・高揚感」

元大阪府知事で弁護士の橋下徹氏が以前出演していたテレビ番組で新型コロナウイルス感染防止策について、「(人の動きに) ブレーキをかける時には科学的根拠(が必要)とか言われるんですけど、最後はトップの政治判断。ある意味、勘みたいなものですよ」と発言していました。府知事時代にも、新型インフルエンザによる学校一斉停止の時に自分の「勘」を重視したそうです。

私もこの話に共感しました。どれだけデータを集めても、未来の出来事に「正解」はありません。最後は勘を働かせ、強いリーダーシップで周囲を動かしていかねばならないと思います。バブル崩壊後の日本は、ビジネスの成功確率を高めるため、マーケティング・マネジメントやロジカルシンキングを学びました。しかし私は、あまりに論理重視の左脳寄りで、つまらなくなったと思います。決してマーケティングを否定しているわけではなく、使い方が間違っていると思うのです。

新しいビジネスやモノ・コトを考える発端は、「世の中をこう変えたい」「このように顧客を笑顔にしたい」という熱い理念や志を原動力に、自分自身の「仮説」を持つことから始まります。仮説を立てる際には、社会の動きを俯瞰的に見て「自らの経験や体験」を生かすことが大切です。

こうした思いを実現するための「道具」として、マーケティングは極めて強力な武器となります。つまり、「何を打ち出すか？」は人間が決めて、「どう打ち出すか？」をマーケティングやテクノロジーで行うのです。しかし、今の日本企業ではこれが逆転していることが多く見られます。

「データを集めてロジカルに分析し、最適解を導く仕事」は、AI（人工知能）が最も得意。しかし、データから足元の課題は読み解けても、未来を導くには、橋下氏の言うように人間の「勘」と「経験」が必要です。

AIは感情、モチベーション、リーダーシップに関わる「右脳」領域が弱点。こうした観点から私は、「1億総クリエイター（創造者）時代」を目指すべきだと思います。

では、何を創造するのか？　それは「自分が大切な人やお客様をワクワクさせて笑顔にする」ために、新たなモノ・コトを発想して形にするのです。

実は、そうした発想が最高潮に達した時代がかつてありました。1990年前後の「バブル時代」です。地上げや不良債権などでバブルにマイナスイメージを持つ人は多いのですが、こと発想や創造という点においては「チャレンジングな精神と遊び心で、世の中を明るく楽しくする新しいモノ・コトが創られた」時代だったと思います。

バブルを知るABS世代は、将来に対してワクワクする高揚感に包まれたあの時代の「気分」を思い出すはずです。その気分は、人類未体験の「人生100年時代」を迎える今こそ必要なものだと私は思います。

ロジカルな分析はAIに任せて、
人間の想像力で未来の笑顔を導こう。

## 皆がハッピーになる「ABS経済圏」のすすめ

私の楽しみの場であるディスコで、一つだけ少々不満に感じていることがあります。それは若い従業員の笑顔が少ないことです。しかし、彼らの気持ちを考えればそれも致し方ないことです。親子ほど年齢が離れた男女を見て、中にはしらけた印象を抱く若者がいても無理はありません。でも本来はディズニーランドのように、キャストとスタッフがともに笑顔で楽しめる空間であるとうれしいと思うのです。

そう考えると、ディスコの楽しみを一番よく知っているのはABS世代ですから、ディスコを経営する企業は、店舗の企画立案やホールスタッフもABS世代の方を雇用して集客を試みては、と思うのです。そうすれば、もっと楽しめる空間になります。

私は、さまざまなメーカーのシニア向け事業開発や製品開発、売り方の相談を受けますが、50歳以下の現場の方はシニアを「十把一絡げ」と「固定観念」で捉える傾向が強いようです。50歳以下の世代にとってのシニア像は、いつまでたってもサザエさんの「磯野夫婦」のイメージなのです。

例えば自動車メーカーがスポーツカーを開発するとします。しかし現在、若者にはクルマ離れが起きており、実際の購買層はABS世代が主流となっています。それなら、クルマの開発プロジェクトチームに異業種（化粧品や食品メーカーなど）のマーケティングに携わったＡＢＳ世代を契約社員などで加え、「自分が欲しいと思うクルマ」を自由に考えさせれば面白い化学反応が起こると思います。

開発する世代と買う世代を合わせることで、今までになかったモノやコトが生まれる可能性が高まります。なかなかうまくいかない、と言われているシニアビジネス・シニアマーケティングですが、売り手も買い手もＡＢＳ世代にすれば、顧客ニーズが満たされ、消費行動に結びつきます。私はこれを「ＡＢＳ経済圏」と名付けました。

当欄では、生涯現役で対価を得るライフスタイルを提案していますが、ＡＢＳ経済圏が構築できれば、シニアの課題である「健康・お金・雇用・生きがい」が解決するだけでなく、若い世代の「年金負担」が解消される糸口も見つかるかもしれません。

ＡＢＳ世代と若い人たちがお互いの強みを理解して価値を共有し、新たな文化や社会を構築することができれば、長寿化を肯定的に受け入れる世の中が形成されます。

健康長寿社会や生きがいについては、ＡＢＳ世代をはじめとするシニア世代だけが考えるのではなく、若い人たちも考えていかねばなりません。そのためにも、「年齢を重ねることが楽しみ」と思える世の中に変えていくべきです。「ドキドキ・ワクワク・ハッピー」な世の中を創造するため、まずはバブルの頃に一生懸命働き遊んだＡＢＳ世代が先陣を切って実践するべきではないでしょうか。

## 「ＡＢＳ経済圏」実現の一番のカギを握るのは

政府は定年を70歳に引き上げる準備を進めています。一方で企業の現状は、ベテラン社員をうまく活用できていないケースが多々見られます。50代の半ばを過ぎると役職定年となり、現場の主役は若い世代。その結果、シニアに固定観念を持つ若い世代だけでシニアビジネスや製品開発、売り方を企画することが多いのが現状です。

前回のコラムで私が提言した「ＡＢＳ経済圏」は、同世代を理解できるＡＢＳ世代が積極的に企画を考え、消費を喚起し、雇用を促進する新しい経済の仕組みです。これを確立するには、経営サイドがベテラン社員をいかに積極活用するかが求められます。

例えば私がよく知る広告業界なら、50歳から雇用延長の70歳までの営業・企画・制作メンバーで「ＡＢＳプロジェクトチーム」を作り、シニアマーケティング案件の獲得を目指します。

これにより3つの大きな効果が得られます。まず、ベテラン社員を活性化することで70歳まで働ける会社であることをアピールし、若手をはじめとする社員のモチベーションアップにつながります。また、ベテラン社員に活躍の場を与えることで、ＣＳＲ（企業の社会的責任）活動の効果が高まります。さらに、クライアントとともに人生１００年時代のライフスタイルを考えることで、ユニークな市場創造の可能性が生まれます。

まさに「一石三鳥」。そのことを理解できないまま、経験値の高いベテラン人材をうまく活用できない企業は実にもったいないことをしているのです。

私は60歳になりますが、主観年齢では40歳くらいに感じています。とはいえ、体に変化もあり加齢を感じるのは事実。そんな中、定年時に「長年ご苦労様でした！」と周りから言われれば、「ああ、年を取った」という気分になるでしょう。この社会全体の「ムード＝気分」が外的要因となり、多くの人の老化を加速させるのではないでしょうか。

国内市場の成熟化で、日本企業はビジネスの主戦場を海外にシフトしていますが、高齢化が進んでいる日本だからこそ国内でできることはあります。国内市場に「健康長寿社会」創造の新風をもたらして日本人を活性化し、諸外国にライフシフトの先進事例を示しましょう。

そのための改革を国と企業が一体となって進め、若い従業員も関心を持って実現に向かってほしいと願います。私自身も現場発想のマーケッターとして尽力していきたいと思います。

## 成熟社会で重要性を増す「コミュニティ」

TOKYO2020の年に、私は「ABS元年」と提唱していました。高度経済成長期に生まれ育ち、バブルの影響を受けた昭和30年代生まれが、順次65歳を迎えます。新たな価値観を持った大人たち（シニア）の出現により、ライフシフトが進み、世の中が大きく変化すると感じていました。

しかし、よもやのコロナ禍で、私たちの暮らしは別の意味で大きく変化せざるを得なくなりました。

しかし、シンプルに考えてみると、ライフシフトもコロナも共通していることがあります。それは、経験値がないことからくる「先が読めない不安」です。

「ニーズ（欲求）は『不』の字（不安・不満・不足・不自由などの悩み解消）に隠されている」と言えますが、ピンチをチャンスに変えるには、固定観念を外した大胆な発想で人間の「不」を解決し、未来を提言して「ワクワクさせる」ビジネスを提案する必要があります。

そのヒントを得ようと、ABS研究会ニューヨーク駐在員のワタナベカツアさんと頻繁にZOOMミーティングをしています。カツアさんはパリ・ソルボンヌ大学を卒業後、1980年代にはイヴ・サンローランでデザインを行っていました。その後、ビジュアルデザインを学び、現在はクリエイティブ・ディレクターとして、ユニークなライフスタイルを提案するビジネスを行っています。

ニューヨークでロックダウンを経験したカツアさんは、これからは人々の未来と幸せに役立ち、社会にとって有益な「モノ・コト」しか必要とされなくなると感じています。そのため、ビジネスもクリエイティブも、崇高な理念と哲学のもと、人間の感性や右脳のセンサーを生かして導き出す必要があると言います。

日本とは異なり、日常生活にさまざまな制限が課せられたニューヨークの人々は、あたかも戦争が起こったような緊張感と不安感にさいなまれ、ステイホームの生活で「幸せの意味」や「人間らしい生活」を考えざるを得ませんでした。

日本は欧米ほどの制限はありませんでしたが、それでも私たちの価値観や生活スタイルには変化が出始めています。

こうした現状や今後を踏まえると、ビジネスやモノ・コトは表層的な欲求を満たすだけでなく、「人間の本質的欲求」をいかにして満たすかを追求する必要が出てきました。

カツアさんも私も、ジェロントロジーを学びました。ここでは、人間にとっての幸せとは「大切な人を笑顔にさせて、自分も笑顔になること」と伝えています。

年齢を重ねて、一人で豊かな時間を楽しむことも有意義ですが、人と関わり、誰かの役に立つ。そして自分の強みや自分らしさを確信する。こうした理想を達成するための「コミュニテイ」は、ライフシフト&コロナ時代にますます重要視されるキーワードです。

「性別、年齢、国籍」を問わない、
笑顔が交差するコミュニティがますます大切な時代。

## 攻めるスタイルで「人生もワインのように熟成」される

私は、欧米における「大人の生き方」情報を収集するため、海外ブレーンと連絡を取り合い、日本でもにわかに広がり出した「大人のカルチャーやライフスタイル」の啓蒙・普及と、その市場に対するマーケティングコンサルティングを行っています。

ニューヨーク在住のクリエイター、ワタナベカツアさんとは先日、ある日本のＡＢＳ世代向けプロジェクトの企画を立案しました。カツアさんによると、欧米のＡＢＳ世代の価値観は「人生を楽しむこと」に集約されるそうです。生活もあるけれど、基本は人生を楽しむために仕事をしてお金を稼ぎ、元気に遊ぶために健康を維持するというのです。「守りの人生はつまらない。人生はいつも攻め！」という考えの人が欧米には多く、さまざまな人と出会うために外出の機会も自然と多くなるそうです。

こうした生活を続けると、まず年齢を忘れます。年齢を気にせず行動し、やりたいことを始めます。それに伴い、外見も良くなり、健康寿命は確実に延びます。ジェロントロジーで言うアクティブエイジングな生活になるのです。

「守りの人生はつまらない。人生はいつも攻め！」。この考え方はフリーランスで仕事をしてきた私にはよく分かります。フリーランスには仕事の保証がありません。今は使える経験も、いずれ枯渇すれば仕事は減ります。60歳を過ぎても定年はないけれど退職金はなく、年金も当てにならない。つまり、一生「どうしたら生活ができるのか？」と考えているのですから、人生では攻めざるを得ません。

もちろん、この場合の「攻め」とは「人と戦うこと」ではなく、「自分の好奇心を満たし、ワクワクするライフスタイルを続けること」です。

37歳から続けているフリーランス生活では浮き沈みもあり、スランプに陥っていた頃は、お金を使わないため不要な外出は控えていました。すると世間が狭くなっていくのです。「これが守りの人生なんだ」と後になって痛感しました。

また、前出のカツアさんは「年齢は聞かないし、聞かれても答えない」「年齢なんか気にするから老ける」と言います。たしかに、ジョニー・デップやブラッド・ピット、ジョージ・クルーニーやトム・クルーズは50代、ケビン・コスナーやリチャード・ギアは60代ですが、誰も彼らをシニアとは呼びません。また、20代の女性は子供、本当の女性の魅力は40代からとも言います。女性の美しさと男性のカッコよさは人生経験がかもし出すのです。

こうした欧米のような「攻めの人生」に日本のＡＢＳ世代もトライできるはずです。真の大人として、ワインのように熟成する。そんなライフスタイルを過ごせるのではないかと私は思います。

人間もワインと同じように熟成された方が、
はるかに人生はおいしい。

## 「バブルのDNA」を生かして新しい社会を創造

私が「ABS世代」を提唱したのは、復活したディスコに集まる同世代の人たちを見たのがきっかけです。「この人たちは、いつまでバブルな気分なんだろうか？　きっと10年、20年先も同じようにはしゃいでいるんだろうな」という「気づき」を得たのです。

バブルな気分とは、「心ときめくワクワクする気分」です。一方で、この世代の先頭は65歳以上のシニア、いわゆる前期高齢者の世代です。

高度経済成長時代に生まれ育ち、1970年代後半の若者カルチャーの洗礼をうけ、80年代後半から90年代初頭にバブルを体験した世代がシニアになる。それと時を同じくして、「人生100年時代」という言葉が浸透し始めました。

この2つの流れを受けて、私は世の中が変わる予感を覚えました。ABS世代は、それまでの高齢者にはない「楽しみ方や遊ぶ術」を知っているプラス面があります。その一方で、上の世代のように社会保障制度をあてにした老後や余生が送れない「先が見えない」マイナス面も抱えている世代です。

そんな思いで連載を続けている中で、新型コロナウイルスのパンデミックが起きました。世の中はさらに大きく変わろうとしています。

私は、新型コロナウイルスとは、人間がなかなか従来の常識や習慣を変えず現状維持にとどまっているため、神様が与えた「強制OS再インストール」の試練のようにも思えます。社会をいったんリセットし、かけ声だけではない、本当の意味での豊かさや人生100年時代の社会を人間自身が考えて構築してみろ！　という人類に与えられた試練です。

私は、新しい社会とは性別・年齢・国籍を問わず同権で、すべての人が「自分らしさ」を大切にして生涯にわたり社会と関わり、大切な人を笑顔にすることで対価を得られるものであるべきだと考えます。

その中でも、子育てが終わり自分の時間ができた50歳以上は、これまでの人生を棚卸しして自分の強みを見つけ、その強みをもとに今後の仕事や生き方を考えれば、年齢に関係なく対価を得ることが可能です。シニアの3大不安は「健康・お金・孤立」と言われますが、仕事を継続することで、この3大不安は一気に解消するのです。

今回のコロナ禍、そして人生100年時代に共通することは、今まで人類が経験していないため先が読めない「不安」があること。しかし、私たちの先人はこのような現象を歴史上何度も経験し、そのたびに解決策を生み出して、より良い社会を構築してきました。

今まさにさまざまな世の仕組みが強制終了し、新しい社会を生み出すスタート地点に私たちはいます。そこで期待したいのが、「バブルのDNA」を身につけたABS世代です。そのD

NAには「面白い・楽しい・ワクワクする」ことを生み出す、おそらく今の日本に一番足りない、そしてAIが苦手なはずの「根拠のない自信と創造力」が織り込まれています。

そのDNAを生かし、「こんなモノやコトがあれば面白い」とアイデアを出し合い、そのアイデアが最新のテクノロジーと融合して理想的なライフスタイル、そして社会を実現する。それはABS世代が子供の頃に見た手塚治虫さんの『鉄腕アトム』に出てくる、空想した未来の世の中が現実になっているのと同じように、「夢が実現する」そんなダイナミックな時代がやってくるのです。

「ピンチはチャンス」とは、まさに今の時代にぴったり。ABS世代が持つバブルのDNAで、日本のそして世界のみんなで、これからの世の中を大きく変えていこうではありませんか！

＝終わり

バブルのDNAを生かして、
みんなでワクワクする社会を創ろう！

## 鈴木準

**株式会社ジェイ・ビーム代表取締役**
**マーケティングプランナー、コラムニスト、昭和歌謡曲ＤＪ**


1960 年、岐阜県岐阜市生まれ。

㈱電通ワンダーマン（現：電通ダイレクト）を経て、1998 年コンサルタントとして独立。約 40 年間のマーケティングプランニングやコンサルティング、そして研修講師として、さまざまな業界のプロジェクトやビジネスパーソンに関わる。

マーケティングの本質は「人を口説き・好きにさせて・好きになり続けてもらう・ハッピーな近未来を提案する」ことと考え、どんな価値を提案すれば人に笑顔をもたらすか？「人間観察、直観力、感性」を生かすことを信条としている。

自分自身の世代である、昭和 30 年から 43 年に生まれた、若者時代にバブルの影響を受けた世代を「ABS（アクティブ・バブル・シニア）世代」と名付け、「新しい時代の真の大人のライフスタイル」をテーマに連載コラムやエッセイを多数寄稿。

また「Funky Jun」の名で、Instagram 及び雑誌でのライフスタイル・メンズファッション提案や、昭和歌謡曲 DJ をこなす。

こうした経験を生かして、人生 100 年時代のライフスタイルを提唱し、それに関連するマーケティングプランニングを行う。


INNOVEX LLC. 代表（ブランディングと DX のクリエイティブエージェンシー）
一般社団法人日本元気シニア総研：執行役ＡＢＳ研究会主任研究員
一般社団法人ジャパンＥコマースコンサルタント協会：客員講師
一般社団法人パッションリーダーズ：ビジネスアカデミー、マーケティング講師
メールアドレス～ jun@j-beam.com

ABS世代
JJガールとPOPEYE少年のその後

2023年8月10日　初版発行

著者
鈴木 準

発行所
株式会社　三恵社
〒462-0056 愛知県名古屋市北区中丸町 2-24-1
TEL 052-915-5211　FAX 052-915-5019
URL https://www.sankeisha.com

 ISBN 978-4-86693-818-9 C0036